12526. — PARIS, IMPRIMERIE A. LAHURE
9, rue de Fleurus, 9

SOUVENIRS

D'UN

HUGOLÂTRE

LA GÉNÉRATION DE 1830

PAR

AUGUSTIN CHALLAMEL

> Ceux que l'on appelait hugolâtres devançaient l'admiration universelle pour Victor Hugo.

PARIS

JULES LÉVY, LIBRAIRE-ÉDITEUR

2, RUE ANTOINE-DUBOIS, 2

—

1885

SOUVENIRS D'UN HUGOLATRE

LA GÉNÉRATION DE 1830

I

Depuis une vingtaine d'années déjà, sur la tombe de tel ou tel mort illustre, très fréquemment un orateur prononce cette phrase :

« Il appartenait à la forte, à la vaillante génération de 1830.... »

Cette phrase est comme stéréotypée dans la plupart des oraisons funèbres.

Aussi certains moqueurs la traitent-ils de « cliché », d'observation banale, ou d'exagération de parti. Par le temps actuel, lorsqu'on se rit volontiers des convictions et des principes, ils s'égayent en la reproduisant. Nombre de gens font chorus, sans savoir pourquoi, mais en suivant le courant des idées du jour.

Il n'y a rien à redire à cela. Toute génération possède, incontestablement, le droit de juger, d'imiter ou de renier les actes de la génération qui la précède. A une condition, pourtant, selon la loi du progrès : c'est de faire mieux que sa devancière, c'est de la dépasser.

D'autres écrivains, après moi, examineront si l'époque présente l'emporte sur celle qui achève de disparaître; si elle produit des fruits meilleurs, et si elle a raison de plaisanter toujours en pareille matière.

Pour l'auteur de ces souvenirs contemporains, qui coordonne ces pages afin d'en former un chapitre d'histoire, il importe de retracer les faits, généraux ou particuliers, qui se sont accomplis sous ses yeux depuis son enfance.

Beaucoup de lecteurs y peuvent prendre intérêt, aussi bien parmi les vieillards que parmi les jeunes gens.

Ceux-ci apprendront, peut-être, des choses nouvelles et utiles; ceux-là se rappelleront, sans doute, leurs propres émotions dans le temps où ils coudoyaient les acteurs qui occupaient la scène, en France, avant, pendant et après une révolution dans la politique, la littérature, les sciences et les arts.

Les *Souvenirs d'un hugolâtre* touchent un peu à tout, même à la vie intime. Si petit qu'on soit, durant une époque, on se trouve forcément mêlé à l'action générale.

Personne ne le niera : en politique, en littérature, en sciences et en arts, la génération de 1830, comprenant tous les Français vivants dans ce temps, où à peu près, a fait majestueusement son œuvre, depuis le commencement de ce siècle jusque dans sa dernière moitié.

Elle est représentée par une pléiade d'hommes supérieurs, qui n'ont pas tous été remplacés, ou dont les travaux ont frayé la route à leurs dignes successeurs.

Ce qui caractérise cette génération puissante, c'est d'abord l'enthousiasme ; c'est ensuite l'ardeur des sentiments ; c'est enfin la passion persévérante.

Ces moteurs sont indispensables pour aviver le progrès, tandis que l'indifférence, le scepticisme et la froideur ne peuvent rien créer que d'éphémère, en admettant qu'ils ne perdent pas le terrain précédemment gagné.

La génération de 1830 a montré presque toutes les audaces ; elle a tenté tous les essais religieux ou sociaux, scientifiques, artistiques ou littéraires.

Née au lendemain de l'effondrement du premier Empire, ayant pu entendre les récits des témoins oculaires de la Révolution de 1789, assistant à la lutte de la Restauration contre la démocratie naguère étouffée par Napoléon Ier, elle a rompu bien des chaînes pour s'élancer vers l'avenir.

Ses idées, tantôt lumineuses et fécondes, tantôt incohérentes et folles, ont renouvelé toute forme, sinon tout fondement des choses de l'intelligence.

En un mot, la génération de 1830, on doit le croire, a laissé une trace ineffaçable, en produisant des nouveautés de toutes les sortes, en donnant au dix-neuvième siècle sa formule principale.

II

La date de 1830 ne sortira pas de ma mémoire. Pour moi, elle se rapporte à un mouvement révolutionnaire coïncidant avec ma jeunesse, et, avant de parler des hommes qui influaient alors sur les destinées du pays, il convient de constater l'impression que je ressentis, à la suite du grand événement de l'année qui vit la famille d'Orléans succéder à la branche aînée des Bourbons.

Le 27 juillet, nous revenions du collège Henri IV à notre pension, située rue des Fossés-Saint-Victor (depuis, rue du Cardinal-Lemoine), lorsque, mes camarades et moi, nous aperçûmes partout, sur notre passage, des rassemblements de Parisiens, — bourgeois et ouvriers, — qui criaient : *Vive la Charte!* et dont les gestes animés ne laissaient pas de nous étonner un peu.

Ordinairement, la rue des Fossés-Saint-Victor

brillait par son calme, presque par sa solitude.

C'était le matin. Dix heures venaient de sonner. Il faisait une chaleur accablante, un soleil de feu, que Victor Hugo a appelé

Un de ces beaux soleils qui brûlent les Bastilles....

Notre maître de pension et nos maîtres d'études paraissaient fort émus.

Au lieu de faire sonner la cloche pour nous appeler en classe, comme d'habitude, ils déclarèrent aux élèves externes qu'ils pouvaient rentrer immédiatement chez leurs parents, voisins de l'institution ; ils ordonnèrent aux élèves pensionnaires d'écrire à leurs familles ou à leurs correspondants, pour que ceux-ci se hâtassent de les venir chercher.

Un congé ! Tout à coup, et sans qu'on en eût parlé dans le collège, sans circulaire du proviseur ! Cela nous intriguait tous.

Que se passait-il donc ? Nous avions déjà fêté la prise d'Alger : il ne s'agissait plus, évidemment, de cette victoire.

Seulement, la veille, mon père ne prononçait-il pas les mots de *fatales ordonnances* et de *coup d'État !* Ne parlait-il pas de collision imminente ?

J'avais douze ans et demi. Je ne tardai point à comprendre que Paris commençait une insurrection, car je me rappelais certains épisodes de la Révolution de 1789, par moi lus dans quelques ouvrages d'histoire.

J'éprouvais un indéfinissable serrement d'estomac. Pourquoi ne l'avouerais-je pas? J'avais peur, — et je n'attendis pas un ordre réitéré de nos maîtres pour retourner à la maison paternelle, d'autant plus qu'elle était située tout près du pensionnat, dont deux jardins étroits la séparaient.

Comme je franchissais, en courant, le seuil de la porte cochère de l'institution, je vis des hommes en bras de chemise qui roulaient des tonneaux vides, en les dirigeant vers la rue Saint-Victor; je vis d'autres gens du quartier qui brouettaient des pavés et du sable; je vis enfin, distinctement, que l'on élevait une barricade dans le carrefour, au bas de la rue des Fossés.

La curiosité me porta d'abord à examiner de plus près les choses, et je suivais les barricadiers, quand mon oncle, caporal invalide, se présenta à moi.

Il venait me chercher, et il m'emmena sans tarder chez mon père.

Nous allongions le pas. La bravoure chez l'invalide n'excluait pas la prudence.

Au même instant, une détonation se fit entendre.

J'accompagnai mon oncle, sans prononcer une

seule parole, et bientôt toute la famille fut réunie, en attendant les événements avec une anxiété à nulle autre pareille.

— Eh bien ! disait mon père, je l'avais prévu. Les ordonnances de Polignac ont amené les coups de fusil. On se bat. Comment cela finira-t-il ? Que de victimes, par suite de l'aveuglement des Bourbons ! Voilà où les mauvais conseils ont conduit Charles X !

Trois jours durant, je restai presque emprisonné dans notre maison, avec mon frère et mes deux sœurs.

Nous éprouvions, petits et grands, des commotions nerveuses, quand les fusillades ou les canonnades retentissaient.

On avait pillé les boutiques d'armuriers. Tout ce qui pouvait servir pour combattre avait été employé soudainement.

Le 27 juillet, Etienne Arago, directeur du Vaudeville, avait fermé les portes de son théâtre afin de protester contre les ordonnances et de donner le signal de l'insurrection. Il avait fait porter et distribuer chez Teste toutes les armes militaires qui se trouvaient dans son magasin. Lui-même, héros de juillet, devenait, deux jours après, aide de camp de La Fayette.

Audry de Puyraveau fit distribuer dix-huit cents baïonnettes qu'il avait chez lui.

Debout sur les barricades, un fusil à la main, Adolphe Nourrit chanta la *Marseillaise* et dirigea au feu ses auditeurs enivrés.

Le nombre des combattants augmentait chaque jour. Plusieurs grands manufacturiers avaient dit à leurs ouvriers :

« Allez vous battre ; vos journées vous seront payées ! »

La bataille eut des proportions énormes ; le 28 juillet, on prenait et reprenait l'Hôtel de Ville ; le 29, les insurgés parisiens, déjà maîtres d'une bonne moitié de la capitale, s'emparaient successivement du Louvre, des Tuileries et de la caserne de la rue de Babylone, dans le faubourg Saint-Germain.

Les coups de canon, les feux de peloton ne cessaient qu'à de rares intervalles, même pendant la nuit.

Le 30 juillet, la révolution était faite ; le peuple était victorieux ; Charles X tombait de son trône.

Tout Paris se métamorphosait ; on eût dit un changement à vue, — décors et costumes.

Plus de Suisses, plus de garde royale : les troupes s'évanouissaient. Dans plusieurs casernes et sur quelques places, des soldats de la ligne fraternisaient avec les vainqueurs, la crosse en l'air d'abord, puis le verre en main.

Mon oncle me conduisit, à travers les barricades ébréchées, jusqu'à la place Maubert, rendez-vous habituel des commères et des flâneurs du quartier, centre populeux du faubourg Saint-Marceau.

III

O surprise! Des hommes sans uniforme, voire en haillons, y montaient la garde, et semblaient très sévères sur la consigne.

Au-dessus du poste flottait un drapeau tricolore.

La vue de ces trois couleurs, remplaçant le drapeau blanc, le seul que je connusse jusqu'alors, me fit une impression profonde.

Je lançai quelques phrases interrogatives, très pressantes.

Mon oncle m'expliqua bien vite, presque en pleurant de joie, que le drapeau tricolore était celui du régiment dans lequel il avait servi, sous la République et l'Empire ; que le drapeau tricolore, toujours victorieux, avait fait le tour de l'Europe, etc., etc.

Ai-je besoin d'en dire davantage? Le vieil invalide m'apprenait ce que tous ses anciens compagnons répétaient comme lui....

Il confondait la République avec l'Empire, Hoche avec Napoléon, la liberté avec la gloire; il parlait comme une chanson de Béranger, lui qui m'avait appris le *Soldat, t'en souviens-tu!* d'Émile Debraux, auteur de la *Colonne*, du *Prince Eugène*, de *Marengo*, de *Mont-Saint-Jean*, et d'autres rimes qui lui avaient valu « les persécutions du pouvoir » pendant la Restauration.

On vendait dans les rues, par milliers, des cocardes nationales.

Mon oncle et moi, nous en achetâmes avec enthousiasme, pour les attacher à notre vêtement, sur le cœur, en « bons patriotes ».

Comme nous rentrions à la maison, je rencontrai un vieil ami de mon père, un royaliste désolé, qui, apercevant ma cocarde tricolore, me dit moitié avec amertume, moitié avec colère:

« Tu portes là une jolie chose, va! Avant six mois, le drapeau blanc et la cocarde blanche auront reparu. »

Le vieillard qui parlait ainsi était M. Delvincourt, ancien doyen de la Faculté de droit de Paris, qui mourut en 1831, « fidèle à son Dieu et à son roi », mais qui n'avait pas vécu en trop bonne intelligence avec les étudiants.

Notons, à ce propos, que, pendant plus de vingt années, une bonne dame de nos connaissances, non moins légitimiste que M. Delvincourt, nous a imperturbablement annoncé, en tirant les cartes devant nous, la rentrée du duc de Bordeaux (Henri V) dans le royaume de ses pères.

Henri V devait toujours revenir *demain*.

Les partisans d'un souverain tombé se bercent tous de ces illusions respectables; mais, depuis 1789, aucun roi déchu, aucun prétendant n'est remonté en personne sur le trône de France.

Il n'y a eu d'exception que pour Napoléon Ier, à l'époque des Cent-Jours, — pendant laquelle s'opéra une réapparition fantastique du prisonnier de l'île d'Elbe, dirigé quelques mois après sur l'île de Sainte-Hélène.

Quoi que prétendît le vieux jurisconsulte, je portais fièrement ma cocarde, et je croyais, comme mon oncle et mon père, que tout était changé, puisqu'on avait « secoué la poussière qui ternissait ces nobles couleurs ».

Mon père applaudissait au triomphe des 221 députés opposants au ministère Polignac, et dont la réélection décida Charles X à violer la Charte; il était heureux des ovations obtenues par La Fayette pendant son voyage dans le Midi, tandis que le duc d'Angoulême avait été accueilli froidement en Normandie.

Il était de l'avis du vieux général de 1789, disant à un ami, en mai 1830 : « Que voulez-vous ? Ils sont en arrière de trois siècles ; ce sont des fous :

Charles X se fera renvoyer, et avec un peu de bon sens, il aurait pu être heureux comme une souris dans un pâté. »

Mais, bah! les royalistes surnommaient La Fayette *Gilles César*.

Ainsi que beaucoup d'anciens soldats, mon oncle n'avait point d'opinion politique définie; mais mon père était un libéral, un abonné du *Constitutionnel*, lequel était alors le grand électeur; il redisait fréquemment cette phrase du *Journal des Débats:* « Malheureuse France! Malheureux roi! » pour laquelle Bertin aîné avait été condamné à six mois de prison par le tribunal correctionnel, et absous par la cour royale.

Somme toute, la révolution de 1830 ne déplaisait à aucun membre de ma famille, qui, sans faire la moindre politique active, s'associait de cœur aux efforts tentés par les libéraux depuis l'avènement de Charles X.

IV

La révolution de juillet 1830 nous profita, à nous, collégiens.

Nous eûmes un congé d'une dizaine de jours. Congé suffisant pour qu'il nous fût possible de vaguer par les rues, sur la place de l'Hôtel de Ville, quand on y intronisa Louis-Philippe Ier, « la meilleure des Républiques », et dans la cour du Palais-Royal, pour applaudir le roi-citoyen paraissant à son balcon, entonnant parfois la *Marseillaise* que nous commencions à savoir par cœur, — ou, plus souvent, la *Parisienne* de Casimir Delavigne, chant approprié à la circonstance, populaire parmi les « philippistes ». Les philippistes trouvaient l'hymne de Rouget de l'Isle trop révolutionnaire.

Après le 7 août, après l'avènement du prince pour qui « une charte devait être désormais une vérité », nous rentrâmes dans la pension.

On reprit les classes au collège, où la distribution solennelle des prix retardée pour cause de batailles, n'eut lieu que le 31 août.

Hélas! les vacances seraient donc diminuées! Nous avions espéré mieux!

Nous avions vu assez fréquemment le duc d'Orléans, cousin de Charles X, se promener bras dessus bras dessous avec le proviseur, dans la grande cour des classes ; car le duc d'Orléans conduisait quelquefois au collège Henri IV, ses fils, — le duc de Chartres et le duc de Nemours, — comme eût fait un bon bourgeois du Marais.

Aux distributions de prix, nous avions presque toujours vu ce prince et sa famille mêlés avec les parents des élèves, et distingués seulement à cause des fauteuils velours et or sur lesquels ils étaient assis, en face de l'estrade des professeurs.

La popularité du disciple de Mme de Genlis y gagnait étonnamment ; la bourgeoisie française trouvait cela superbe, et, de fait, il nous plaisait d'avoir de tels camarades.

Le duc d'Aumale, le prince de Joinville et le duc de Montpensier ne s'asseyaient pas encore sur les bancs poussiéreux du collège. Ils ne parurent que quelques années plus tard.

A la distribution des prix du 31 août 1830, Louis-Philippe Ier, pourvu d'une couronne, ne vint pas occuper son fauteuil ordinaire.

Notre proviseur lui avait respectueusement manifesté ses craintes : les soins de la chose publique devaient peut-être enlever au collège, cette année-là, l'honneur de sa présence?

« Vous avez raison, avait répondu le roi-citoyen, je n'ai plus, comme les années précédentes, deux heures par jour à donner à mes plaisirs. »

Paroles aimables, — citées textuellement dans le palmarès, — en admettant qu'elles aient été dites.

Mais si Louis-Philippe Ier n'assistait pas, pour cause de royauté, à la distribution des prix, la reine n'y voulut pas manquer.

L'entrée de Marie-Amélie fut très applaudie; on fêta la mère de famille. Plus applaudie encore fut la première phrase de M. Alfred de Wailly, agrégé de rhétorique, lorsque, commençant la classique tartine qui sert de prélude à toute distribution de récompenses universitaires, il s'écria :

« Ce n'est pas le temps des longs discours.... »

Le jeune auditoire saisit et goûta l'allusion.

Quelle bonne fortune pour les lauréats impatients! Pas de longs discours!

Cependant, en 1831, la solennité des prix ne fut pas honorée par la présence de la famille royale.

Quelques malins esprits le remarquèrent tout

haut, et peut-être s'en préoccupa-t-on aux Tuileries.

Plus tard, la reine Marie-Amélie se fit un devoir de battre de ses propres mains — aux triomphes éclatants du duc d'Aumale, — aux faibles succès du prince de Joinville, — aux encouragements que reçut le duc de Montpensier.

Je dois être véridique, et déclarer que les enfants de Louis-Philippe méritèrent de figurer sur les tableaux du collège comme « bons élèves ».

Les légitimistes riaient de cette éducation. En 1835, non loin de la tour de Clovis, on lisait sur les murs la phrase suivante, bien intelligible : « Pour aller à Bordeaux, il faut passer par Orléans. » Certes, l'éducation du duc de Bordeaux ne ressemblait guère à celle des princes de la branche cadette. Son précepteur était l'abbé Tharin.

V

Revenons à 1830. Les journées de juillet avaient échauffé les têtes, surexcité la jeunesse française, secoué l'indolence des uns, éveillé l'ambition des autres, donné beaucoup d'espérances à tous.

Le mois des révolutions ne produisit pas absolument ce qu'on en attendait. En cela, les choses se passaient comme d'habitude.

Dans la politique, les amis de la monarchie tempérée étaient placés et satisfaits; mais les républicains, estimant qu'on leur avait « escamoté » leur œuvre, s'apprêtaient à semer des articles violents dans certains journaux, — pour récolter une ample moisson d'emprisonnements; les légitimistes, qui ne cessaient de croire à un nouvel et prochain épanouissement des lis, plaisantaient sur ce qu'ils nommaient « l'anecdote de juillet. »

Dans la littérature, les novateurs n'avaient pas

suffisamment effiloqué les « perruques » de l'Académie, et étaient résolus à combattre les vieilles phalanges classiques, toujours en possession de l'Institut, des Facultés et des théâtres. Ils fourbissaient leur grand sabre, — ou plutôt ils trempaient leur plume dans le vinaigre.

Certainement, il devait y avoir des récriminations, des plaintes, des vengeances. Le lecteur les appréciera; il se méfierait peut-être de l'opinion d'un hugolâtre.

Gérard de Nerval écrivait :

> Liberté de Juillet, femme au buste divin,
>   Et dont le corps finit en queue.

Théophile Gautier remarquait :

> Un budget éléphant boit notre or par sa trompe....
> Seule la poésie incarnée en Hugo,
> Ne nous a pas déçus....

Toutefois, avant d'entrer dans l'examen du mouvement général des esprits, ayant précédé, accompagné ou suivi les « journées glorieuses » de 1830, qu'il nous soit permis de ne pas encore quitter le collège, et de rappeler ce qui arriva dans plusieurs établissements de l'Université, où les révoltes se succédèrent.

Je faisais mes études, à Henri IV, avec les fils

des généraux Foy et Lamarque, avec Xavier Eyma, qui devint romancier et journaliste, avec Privat d'Anglemont, qui fit plus tard sensation parmi les bohèmes, — et avec Armand Durantin, l'auteur d'*Héloïse Paranquet*.

Ce collège, qui donna la pâture latine et grecque à une foule de littérateurs, depuis Casimir Delavigne, Laya et les deux Musset, jusqu'à Emile Augier et Victorien Sardou, devait facilement adopter les idées du jour.

La Belgique avait imité la France, et, le 25 août 1830, elle avait accompli sa petite révolution; l'Italie, la Suisse et d'autres pays n'allaient pas tarder à suivre le courant.

Bientôt le collège Henri IV imita la Belgique et organisa sa petite révolte. Les élèves internes n'appréciaient pas outre mesure le bonheur d'être réveillés au son du tambour, au lieu de l'être au son de la cloche.

Et puis, l'esprit de mouvement contre l'autorité gagnait tout le monde, depuis les plus grands jusqu'aux plus petits.

Nos camarades s'insurgèrent; seulement, je n'ai jamais su pourquoi. Les prétextes à insurrection, d'ailleurs, n'ont jamais manqué.

Avec quelle joie nous apprîmes, nous, externes, que les internes s'étaient barricadés dans leurs « quartiers », et qu'ils tenaient bon contre leurs maîtres, c'est-à-dire contre leurs tyrans !

La cour des anciens, au collège Henri IV, longeait la rue Clovis, et, par-dessus le mur de clôture, nous jetions à nos camarades révoltés toutes sortes de vivres, — pains, pâtés, saucissons et autres comestibles, — afin que le congé « par force majeure » durât le plus longtemps possible ; un mois, s'il se pouvait.

Force resta à l'autorité. Tout se calma, après l'expulsion de quelques meneurs.

Bon gré, mal gré, il fallut reprendre le collier de misère, manger les durs haricots et le poisson mal cuit ; il fallut retomber sous la coupe, j'allais dire sous la férule de nos professeurs ; il fallut se bercer de l'espoir d'une revanche.

D'autres collèges, qui avaient aussi levé le drapeau insurrectionnel, n'y gagnèrent pas davantage. Ils perdirent des élèves. Voilà tout.

Notre pension, d'ailleurs peu nombreuse, ne chercha pas à imiter ces grands établissements.

Elle ne fit pas sa révolution politique ; mais elle avait fait sa révolution littéraire, elle avait abandonné les routes banales et cherché des chemins nouveaux.

VI

Je le déclare hardiment, fièrement, triomphalement : dans notre pension, nous ne nous enflammions que pour la jeune littérature.

Le romantisme nous avait conquis. Des élèves de sixième aux élèves de rhétorique et de philosophie, l'entente était à peu près complète. Nous marchions sous l'étendard de Victor Hugo, comme nous ne jurions, pour les hautes études, que par Villemain, Guizot, Cousin et Michelet, celui-ci étant alors maître de conférences à l'École normale. Michelet faisait du romantisme en histoire.

Stendhal (Henri Beyle), et d'autres écrivains de mérite, encourageaient notre haine précoce, parce qu'ils méconnaissaient le génie du poète novateur.

Nous ne pardonnions pas à Stendhal d'avoir dit, en 1829 : « Victor Hugo, ultra vanté, n'a pas de succès réel, du moins pour les *Orientales*. Le *Condamné* fait horreur et me semble inférieur à certains passages des *Mémoires de Vidocq*.... M. Victor Hugo n'est pas un homme ordinaire, mais il *veut* être extraordinaire, et les *Orientales* m'ennuient. »

Nous ne pardonnions pas à Népomucène Lemercier qui, novateur dans la plupart de ses productions, n'en reniait pas moins la révolution littéraire dont il avait été un des précurseurs, et qui s'écriait :

« Avec impunité les Hugo font les vers. »

Nous ne pardonnions pas à Duvergier de Hauranne cette phrase : « Le romantisme n'est pas un ridicule, c'est une maladie comme le somnambulisme et l'épilepsie. »

Nos « bandes romantiques » croissaient en nombre et en vigueur. Elles s'attaquaient aux « rococos », aux « perruques », et nous nous moquions bien d'être appelés par eux « décousus ».

Bignan, classique pur, maudissant le romantisme, entassait prix sur prix de poésie académique et se montrait digne de partager les couronnes de Baour-Lormian, que les Jeunes-France surnommaient *balourd-dormant*, et dont la mort inspira cette épigramme à Nestor Roqueplan :

> Ne me demandez pas si c'est Baour qu'on trouve
>   Dans ce sombre caveau ;
> On le sait, au besoin de bailler qu'on éprouve
>   En passant près de son tombeau.

L'apparition d'*Hernani*, surtout, en février 1830, était pour nous une renaissance. Ce drame pouvait être comparé au *Cid* de Pierre Corneille, renversait le trône vermoulu de Racine, la froide école de Voltaire, toutes les tragédies des auteurs à la suite ; elle donnait des Shakespeare et des Schiller à la France ; elle confirmait l'opinion de Châteaubriand, qui avait naguère appelé Victor Hugo « l'enfant sublime ».

Nous lisions avec avidité cette production, que les « classiques » regardaient comme « une fable grossière, jouée par des acteurs épileptiques » ; que les romantiques défendaient à outrance. A Toulouse, un jeune homme se fit tuer en duel pour *Hernani*.

Et nous étions d'autant plus enthousiastes que notre admiration contre-balançait les dédains d'un de nos professeurs.

Ce professeur, un pur soutien du cothurne tragique, et approuvant à peine les tentatives de théâtre mixte osées par Casimir Delavigne, avait des mots tout à fait réjouissants à l'endroit de l'*Honneur castillan*. Il avait coutume de dire, en classe, lorsque le vent se glissait par une fenêtre entr'ouverte :

« Fermez cette fenêtre. Je n'aime pas *l'air*... *nenni*, je n'aime pas l'air! »

Puis il s'applaudissait pour son atroce calembour, dont l'énoncé nous arrachait une longue suite de murmures, que parvenaient à peine à faire cesser les retenues les plus multipliées.

Je constate la chose, parce que cet homme, écho maladroit des classiques de haut lieu, a contribué au succès de Victor Hugo parmi nous, et parce qu'il rendait ses collègues ridicules en assurant que l'Université n'admettrait jamais le « mauvais français » des romantiques. Victor Hugo, alors, semblait être un barbare, qui écorchait la langue française.

Hernani nous avait portés vers l'héroïsme chevaleresque; *Marion Delorme* nous transforma en rédempteurs des filles perdues. *Lucrèce Borgia* nous fit aimer le beau dans l'horrible; avec *Angelo*, nous devînmes des fanatiques de Marie Dorval, cette interprète par excellence du drame moderne.

L'unique et bruyante représentation du *Roi s'amuse*, en 1832, nous rendit absolument fous de désespoir, — parce que nous n'avions pu y assister, pour soutenir par tous les moyens, fût-ce à coups de poing, cette pièce interdite par les suppôts du pouvoir, et dont la préface proclamait la liberté au théâtre.

VII

L'unique ressource qui nous restât consistait à nous procurer le drame et à le lire, pour en apprendre les meilleures tirades, récitées par nous pendant les récréations.

Dans ce temps-là, il existait des cabinets de lecture, tels qu'on n'en trouve plus guère aujourd'hui. Les livres in-octavo à couverture beurre frais, à large justification, à pages remplies de blanc, coûtaient encore assez cher. Les in-douze à trois francs, les in-dix-huit à un franc n'étaient pas inventés.

Un volume, roman ou drame, valait sept francs cinquante centimes, et je vous assure que, au point de vue matériel de la lecture, on n'en avait pas souvent pour son argent. On dévorait le volume en moins d'une heure!

Il fallait donc s'adresser aux cabinets de lecture, ces bibliothèques payantes, ces entrepôts des livres à la mode, ces foyers du romantisme.

Dans le quartier Latin, rue Saint-Jacques, non loin de notre pension, il y en avait un, fort bien approvisionné d'œuvres nouvelles. Mme Gondar, qui le tenait, pouvait presque rivaliser avec Mme Cardinal, de la rue des Canettes, comme loueuse de romans et de pièces de théâtre.

Elle savait exploiter les ardeurs des séides de la jeune école; quand un livre faisait fureur, elle le louait par heure, non par jour; et si on le gardait trop longtemps, même en payant généreusement, elle administrait à l'abonné retardataire une semonce conditionnée; elle lui refusait toute autre production recherchée, jusqu'à épuisement de lecteurs diligents.

Il semble à mes amis et à moi que nous la voyons encore, dans son comptoir surchargé de volumes cartonnés tant bien que mal, cette active Mme Gondar, notre providence d'alors.

Elle nous procura le *Roi s'amuse*, le jour même où il fut publié, et nous nous cotisâmes, afin de pouvoir satisfaire ses exigences.

Tous les élèves de la pension lurent le drame défendu, — au prix de vingt centimes par heure, pendant trois semaines au moins! Le total du louage s'éleva à quarante francs.

Comment oublier de pareilles débauches!

L'argent de poche de chacun de nous y passa tout entier. Nous nous exécutâmes sans regret.

Pendant trois semaines, aucun devoir ne fut fait convenablement, aucune leçon ne fut proprement sue. Les pensums tombèrent sur nous comme grêle.

Mais bah! Lorsque notre répétiteur s'indignait, en nous punissant, nous nous moquions, avec Triboulet..., « de cet âne bâté qu'on appelle un savant, » et nous attendions avec impatience la publication d'une nouveauté romantique, de de Vigny, de Delatouche, des Musset, d'Alexandre Dumas, de Frédéric Soulié, de Petrus Borel, de bien d'autres encore.

Peu de semaines s'écoulaient sans visite à Mme Gondar. Les romans beurre frais paraissaient à de rares intervalles : ils délayaient en quatre volumes in-octavo la matière d'un in-dix-huit actuel.

Que de pages blanches! que de chapitres bien courts!

On pouvait aisément commenter le livre, écrire çà et là, soit à la plume, soit au crayon, les impressions que le lecteur ressentait : *admirable, étonnant, sublime!*

Mots auxquels des classiques répondaient, à leur tour : *ridicule, incompréhensible, bête!*

Ainsi les lecteurs d'avis différents s'injuriaient

incognito, comme cela se voit encore dans nos bibliothèques publiques fréquentées par la jeunesse des écoles.

Nos passions littéraires nous ont incités à gâter bien des volumes; je ne parle pas de ceux que nous avons usés.

L'*Atar-Gull* et la *Salamandre* d'Eugène Sue, où les paradoxes, les antithèses et les tableaux colorés abondent, nous plaisaient extraordinairement; nous lisions et relisions l'*Écolier de Cluny*, par Roger de Beauvoir, ainsi que les *Mauvais Garçons* et *Venezia la Bella* d'Alphonse Royer, trois romans moyen âge écrits selon la mode nouvelle. *Venezia la Bella* était illustrée par une vignette de Célestin Nanteuil : la place Saint-Marc, — une gondole, — une jeune fille assassinée. *L'Ane mort et la jeune femme guillotinée*, la *Confession* et *Barnave*, où l'on trouve une satire violente contre la famille d'Orléans, nous passionnèrent; le *Chasseur noir* et le *Pape et l'Empereur*, de Dinocourt, ne nous effrayèrent pas. Le « féroce et formidable roman de *Han d'Islande* » nous avait bronzés à cet égard.

Peu après, en 1838, les exubérances de *Madame Putiphar*, par Petrus Borel, nous semblèrent toutes naturelles. Ce roman passe pour être un spécimen des exagérations de l'époque dans le fond et dans la forme.

Pour beaucoup de jeunes, les scènes bien noires, les vengeances atroces, semblaient indispensables.

A peine âgé de quinze ans, je lus à mes parents, en manière de compliment de nouvelle année, une longue tirade d'alexandrins intitulée le *Supplicié*.

Comme mon père ne se souciait pas de me voir versifier, il m'adressa simplement ces mots, signe d'approbation plus que tiède :

« Est-ce que tu n'aurais pas pu choisir un autre sujet, un sujet moins lugubre ? »

Qu'eût-il ajouté, si je lui avais lu mes élucubrations poétiques de début, — l'*Anthropophage*, le *Serment de mort*, le *Désespoir*, etc?

Mes camarades qui s'essayaient à la poésie cherchaient aussi leurs inspirations dans les choses monstrueuses et terribles.

Cependant George Sand publia *Indiana* en 1832, et, l'année suivante, *Valentine* parut. Elle fit diversion dans le genre moderne, sous le pseudonyme que lui avait forgé Henri Delatouche.

« Mme Sand, remarque Alphonse Esquiros, se donna pour une victime de notre société mal faite; elle découvrit son flanc qui saignait.... La *Revue des Deux Mondes*, privée de nos trois grandes gloires littéraires (Châteaubriand, de Lamartine, Victor Hugo), s'empara de cette renommée naissante. »

Tout d'abord, George Sand représenta la condition de la femme dans l'avenir. Rôle trop philosophique, joué avec une forme qui ne ressemblait en rien à celle des romantiques. L'auteur d'*Indiana* et de *Valentine* soutenait des thèses, et la jeunesse d'alors préférait la peinture des passions. Mme Sand eut surtout des lectrices, à la suite desquelles lui vinrent plus tard une foule de lecteurs, lorsque ses ouvrages reflétèrent successivement Michel de Bourges, Chopin, Lamennais, Cousin et Pierre Leroux.

Son premier collaborateur Jules Sandeau, pour le roman de *Rose et Blanche*, ne nous était pas encore connu. Jules Sandeau devait sérieusement débuter, en 1834, par *Madame de Sommerville*, et protester, par la suite, au nom du devoir, contre les entraînements du paradoxe.

De véritables hugolâtres ne pouvaient complètement s'attacher au char de George Sand; il fallut du temps pour qu'ils consentissent à admirer des triomphateurs autres que Victor Hugo, Alexandre Dumas et Balzac.

VIII

Lorsque Dumas fit jouer *Henri III*, on prétendit que « c'était encore Henri III à la Marivaux »; l'auteur, ajoutait-on, n'était pas si novateur que ses amis voulaient bien le dire ; il se montrait moins hardi que plusieurs faiseurs de tragédies, que Népomucène Lemercier avec son *Pinto*, que Casimir Delavigne, dont le *Marino Faliero* et le *Louis XI* n'allaient pas tarder à constituer le « juste milieu » en littérature.

Alexandre Dumas faussait l'histoire, selon quelques critiques, en présentant au public un duc de Guise lâche et assassin; dans les *Barricades* et les *États de Blois*, scènes dramatiques publiées quelques années auparavant par Vitet, mi-classique, mi-romantique, la grande figure du duc et le caractère hésitant du roi semblaient avoir été mieux tracés. Ludovic Vitet possédait de nombreux amis dans le libéralisme.

Les critiques piquèrent au vif Alexandre Dumas, dont le Théâtre-Français avait reçu une *Christine de Suède;* et il se promit de ne plus commettre de *marivaudages*.

Son *Henri III* avait cependant obtenu un tel succès que l'alarme était au camp des soutiens de la tradition, — Arnault père, Etienne, Jouy, Delrieu, Viennet et *tutti quanti*.

Ces messieurs rédigèrent une Supplique au roi Charles X, qu'ils prièrent de maintenir le théâtre dans son antique dignité, d'éloigner par sa toute-puissance la tempête romantique, de repousser au delà des frontières les conceptions anglaises ou allemandes, la barbarie de Shakespeare et la rêverie de Goethe, de faire respecter les lois d'Aristote et les ordonnances de Boileau.

« Que voulez-vous que j'y fasse ? avait répondu Charles X. Je n'ai comme vous qu'une place au parterre. »

Cette phrase spirituelle nous charma ; la guerre littéraire suivit son cours.

Soit au *cénacle* de Victor Hugo, formé depuis peu, soit dans les rangs des irréguliers de la nouvelle École, on se prêta assistance, on se serra les coudes pour marcher au feu. La camaraderie s'établit parmi les nouveaux contre la camaraderie des anciens. Jugez-en par ces exemples.

Frédéric Soulié, encore tout enivré du triomphe qu'il avait obtenu en 1828 avec sa tragédie de *Roméo et Juliette,* imitée de Shakespeare, fit représenter à l'Odéon, un an après, *Christine à Fontainebleau,* qui tomba complètement.

Alexandre Dumas, sur la demande d'Harel, directeur de ce théâtre, porta sa *Christine de Suède* de la rive droite sur la rive gauche, non sans hésitation et procès, parce qu'il ne voulait pas être désagréable à son co-lutteur Frédéric Soulié.

Celui-ci, faisant taire l'intérêt devant l'amitié, lui écrivit alors :

« Ramasse les morceaux de ma *Christine,* fais balayer le théâtre, prends-les, je te les donne. Tout à toi. »

Et il demanda cinquante places de parterre pour ses scieurs de long, — car le romantique Frédéric Soulié dirigeait une scierie mécanique près du pont d'Austerlitz. Les scieurs de long applaudirent vigoureusement l'œuvre d'Alexandre Dumas, dans le lieu où celle de leur patron avait été sifflée. L'œuvre nouvelle était intitulée *Stockholm, Fontainebleau et Rome, trilogie dramatique sur la vie de Christine.* Elle contient des beautés, noyées dans trop de longueurs.

Le surlendemain, Lamartine, le poète des *Méditations* et des *Harmonies,* prononçait son discours de réception à l'Académie française.

Sa brillante renommée, ses sympathies pour Victor Hugo, ses efforts afin d'élargir le domaine de la poésie, le désignaient, à nos yeux, pour remplacer avantageusement « l'immortel » Daru.

Le grand Cuvier, chargé de lui répondre, déclara « que l'Académie se ferait une loi d'appeler dans son sein tous les hommes qui, sans *offenser la raison ou la langue*, sauraient jeter dans leurs œuvres un intérêt de nouveauté véritable.... »

Allusion à l'auteur d'*Hernani*, qui attirait la foule, mais que le savant auteur des *Révolutions du globe* goûtait médiocrement.

Je ne vous parlerai pas d'*Antony*, de *Charles VII*, de *Térésa*, d'*Angèle*, qui valurent à Alexandre Dumas la réputation d'un auteur dramatique de talent, mais romantique, érigeant l'immoralité en système, — ce qui nous le fit placer parmi les maîtres, parmi les frondeurs des infâmes injustices de la société.

Révolutionnaires en littérature, nous ne reculions point devant le socialisme, quand nos auteurs aimés s'avisaient de vouloir réformer l'humanité, à leur manière, selon leurs fantaisies.

IX

La *Tour de Nesle*, qui fut jouée le 29 mai 1832, mit toute notre pension en émoi.

Plusieurs de mes camarades avaient assisté à la première représentation ; j'assistai à la troisième, sans prévenir mes parents, entraîné que j'avais été par deux « grands » dans une escapade coupable, puisque je ne revins qu'à une heure du matin au logis, où ma bonne mère m'attendait anxieusement.

« D'où viens-tu, malheureux enfant ? me demanda-t-elle.... (J'avais quatorze ans.) Ton père s'est couché.... Il est fort en colère....

— Maman, je viens de voir un chef-d'œuvre, à la Porte-Saint-Martin.... Oh ! quelle magnifique pièce !.... la *Tour de Nesle* !.... Marguerite de Bourgogne et Buridan.... Le cachot ! »

Ma mère n'ajouta rien. Elle me voyait enthousiasmé.

Au lever, mon père me tança vertement. Je ne répondis mot. Que m'importait!... J'avais encore dans les oreilles les phrases terribles de Mlle Georges et de Bocage, de Marguerite et de Buridan, ainsi que l'apostrophe de Lockroy :

« Qui dit que Gauthier d'Aulnay est un bâtard ! »

Mon ivresse de la veille n'avait pas disparu le lendemain.

Huit jours après, loin d'être refroidi à l'endroit du drame où l'assassinat, l'adultère, l'inceste, le parricide, s'accumulent, je poursuivis une idée fixe : avoir sur ma tête un « chapeau à la Buridan », un feutre à retroussis sur le côté et pointu par le haut.

On en voyait beaucoup dans le quartier Latin. Ce chapeau avait toute l'importance d'une manifestation ; quiconque l'adoptait prouvait par là son amour du moyen âge. Or, le moyen âge nous envahissait depuis la publication de *Notre-Dame de Paris*, surtout depuis l'*Écolier de Cluny*, de Roger de Beauvoir, et les *Mauvais Garçons*, d'Alphonse Royer.

Je n'ai jamais obtenu ce « chapeau à la Buridan », tant désiré. Mes parents ont tenu bon contre mon effréné désir. Mais j'ai gardé les longs cheveux, comme bien d'autres adolescents de l'époque, et je me suis acheté un poignard semblable à celui d'Antony, une « bonne lame de Tolède, » avec les « semaines » qu'on me donnait.

Il faut rappeler, ici, que le feutre à retroussis sur le côté distinguait tout de suite un artiste ou un poète d'un bourgeois, et qu'il produisait le plus bel effet du monde au parterre des théâtres.

Avec cela, quelque juron haut en couleur vous plaçait presque au niveau des maîtres en herbe ou des génies incompris. On vous regardait autant qu'on regardait l'actrice en renom.

Chose remarquable, le chapeau ne fut pas seulement un signe de ralliement artistique ou littéraire; il eut aussi sa signification politique, lorsque parurent les couvre-chefs gris dont se coiffèrent les républicains, pourvus également de gilets à la Robespierre, et se plaisant à évoquer les souvenirs de 93.

Pour le coup, les bourgeois s'indignèrent, et le chapeau gris fit sensation.

Il était porté par une foule de « bousingots », affichant leurs opinions démocratiques, métamorphosant certains estaminets en clubs, bravant avec crânerie les sergents de ville, déjà fort mal vus par la jeunesse turbulente.

En maintes occasions, les partisans de la royauté citoyenne coururent sus aux chapeaux gris; dans les jours d'émotion, ils en défoncèrent plusieurs, sans se contenter de lancer sur les bousingots des « regards de mépris »; de réaliser ainsi le type de Joseph Prudhomme, nouvellement créé par Henri Monnier, et devenu immortel plus qu'une foule d'académiciens aujourd'hui oubliés.

Dans les promenades, dans les salles de spectacle, dans les rues passantes ou désertes, partout le chapeau gris attirait la foudre; et si quelque « proclamation incendiaire » était répandue publiquement ou secrètement, on accusait en masse ceux qui s'en coiffaient de conspirer contre la sûreté de l'État, de mijoter une levée de boucliers.

Combien de chapeaux gris la Conciergerie d'abord, puis la prison de Sainte-Pélagie ont abrités de la pluie pendant des mois et des années! Combien de chapeaux gris, plus tard, aux jours d'insurrection, ont été criblés de balles sur les barricades!

Avec des apparences frivoles et singulières, la jeunesse d'alors avait des convictions sérieuses, en politique comme en littérature. Poursuivant un idéal, et décidée à combattre pour le faire triompher, elle ne s'endormait pas dans les jouissances matérielles.

D'imberbes républicains, principalement, ne voulaient reculer ni devant la persécution ni devant la mort pour atteindre le but proposé. Leur foi les conduisait au martyre.

De là une succession d'émeutes, pendant les dix premières années du règne de Louis-Philippe, émeutes motivées par les désillusions, quand les démocrates s'aperçurent que bien des députés, en 1830, ne cherchaient qu'à renverser un ministère, et qu'après avoir brisé une couronne, il leur suffisait d'un changement de roi.

Les *Rhapsodies* de Petrus Borel le Lycanthrope, en stigmatisant les bourgeois, « stupides escompteurs, marchands de fusils », en maudissant un monarque, « ayant pour légende et exergue : Dieu soit loué et mes boutiques aussi ! » avait parlé en chef de républicains du romantisme, variété très distincte des amoureux « de l'art pour l'art ».

Auguste Luchet et Théophile Thoré emboîtèrent le pas. Félix Pyat, malgré sa douce figure, se posa en ennemi implacable de la bourgeoisie et l'épouvanta.

X

Les troubles à Paris et en province, les mises en état de siège nous rendirent parfois la vie insupportable, il faut l'avouer.

Tantôt, c'était à propos du procès des ministres de Charles X ; tantôt, c'était le complot légitimiste de la *rue des Prouvaires*, ou la dévastation de l'église Saint-Germain-l'Auxerrois et de l'Archevêché, ou une insurrection des ouvriers de Lyon, ou enfin les journées des 5 et 6 juin 1832, d'éternelle mémoire

Le 5 juin, par exemple, au convoi de Lamarque, mort une quinzaine de jours après Casimir Périer, on voulut protester contre le système du ministre défunt par une manifestation en l'honneur du député de l'opposition, général remarquable, libéral éprouvé, brillant orateur. On cria : *Vive la République! A bas Philippe! Plus de Bourbons!*

Une lutte s'engagea entre les insurgés et les

troupes; des barricades furent élevées sur plusieurs points de la capitale, et toute la nuit se passa en attaques vigoureuses, dans lesquelles les républicains eurent le dessous.

Le lendemain, 6 juin, dès le matin, les barricades de la Bastille et du faubourg Saint-Antoine tombaient au pouvoir de l'autorité militaire; il ne restait plus aux insurgés que celles du Cloître Saint-Merry et de quelques rues environnantes. Là, une poignée d'hommes se défendit héroïquement, avec désespoir, de manière à mériter l'admiration des vainqueurs eux-mêmes.

Or, pendant que le canon grondait, nous célébrions le mariage de ma sœur cadette.

Je le raconte, ce mariage, afin de donner une idée de ces temps troublés.

Ce fut une odyssée navrante que notre fête de famille, dont il eût fallu pouvoir reculer la date. Mais les préparatifs nous avaient enchaînés, en quelque sorte. Tout était prêt pour la cérémonie nuptiale et pour la noce.

Le 6 juin 1832, des voitures de remise allèrent chercher les deux demoiselles d'honneur, que des individus menacèrent d'arrêter, sur le petit pont de l'Hôtel-Dieu, en prétendant reconnaître des princesses d'Orléans.

Puis, avec le moins d'apparat possible, les époux, suivis des invités, se rendirent à l'église

Saint-Étienne-du-Mont, non pour y entrer par le grand portail et recevoir avec pompe, au chœur, la bénédiction des mariés, mais pour se faufiler, pour ainsi dire, dans l'église par le presbytère.

Les époux s'agenouillèrent dans la chapelle de la Vierge, d'une façon expéditive, avec accompagnement de mousquetades au dehors, remplaçant les accords de l'orgue.

Toutes les figures étaient bouleversées, toutes les poitrines serrées, et, dans le petit nombre d'assistants qui se voyaient là, plus d'un se demandait si quelque danger ne le surprendrait pas au retour, si on ne se battait pas dans le quartier de la Sorbonne.

De Saint-Étienne-du-Mont, une longue suite de voitures nous transporta jusqu'à la Grande-Chaumière, sur le boulevard du Mont-Parnasse.

Charmant endroit pour les noces, car il s'y trouvait un grand jardin, des jeux divers, et les Montagnes Russes, — de quoi passer agréablement, en temps ordinaire, les longues heures qui s'écoulent entre la cérémonie religieuse et le repas de famille.

A peine rencontrions-nous, chemin faisant, quelques groupes allant aux nouvelles, ébahis à notre vue, et nous interpellant presque avec de gros mots :

« Allez-vous-en, gens de la noce ! »

Pauvre sœur ! Elle avait l'air d'une morte plutôt que d'une mariée !

Une fois parvenus à la Grande-Chaumière, nous essayâmes d'oublier l'insurrection dont les échos étaient affaiblis par la distance. On se livra aux divertissements et l'on se sentait en proie à une sorte de remords...

Mais enfin chacun se prêta à la circonstance, et certaines accalmies dans le bruit des lointaines décharges d'artillerie nous permirent d'espérer que rien ne troublerait le dîner et le bal !

Vers six heures, nous songeâmes à nous mettre à table.

Déjà le potage était servi, déjà les convives étaient assis, sans attendre le docteur Devilliers, notre médecin et ami, qui tardait à venir, lorsqu'un épouvantable coup de canon fit tressaillir la verrerie et la vaisselle...

Tous se levèrent, émus au plus haut point, se regardant, s'interrogeant, s'imaginant bien, cette fois, qu'on se battait aux environs. Nous étions sans appétit, comme vous le pensez. Nous restions debout.

Un quart d'heure après, le docteur Devilliers apparut.

« C'est terminé ! déclara-t-il, en franchissant le seuil de la salle à manger.

— Mais ce coup de canon !... dit un convive.

— C'est terminé », je vous en réponds, reprit le docteur avec assurance, de manière à nous convaincre.

Et l'on se rassit, et l'on fêta sans autre incident « le plus beau jour de la vie » de ma sœur cadette.

Inutile d'ajouter que nous dînâmes et que nous épuisâmes la soirée avec un peu de calme, mais sans gaieté au cœur, je vous assure.

Le bal se passa en conversations. Seulement, avec plusieurs camarades, je fis honneur aux glaces et au punch. On avait compté sur quatre cents invités; nous en vîmes à peine cent cinquante. Jugez du carnage !

XI

Quelles étaient donc les causes de ces fréquentes insurrections? Pourquoi ces luttes continuelles, jetant l'effroi et le deuil dans les familles?

D'une part, la réaction faisait son œuvre; d'autre part, les hommes de la veille rappelaient à ceux du lendemain qu'il y avait eu des promesses oubliées, des corruptions soudaines, des serments trahis, et qu'une foule d'intrigants avait ressaisi ou usurpé les fonctions publiques de toutes sortes, au détriment des combattants de Juillet.

Les renégats pullulaient. Nombre de personnages qui avaient aidé, par leurs paroles et leurs actes, à la défense de leurs libertés, disaient à leurs anciens compagnons de lutte : « Vous n'irez pas plus loin ! »

Remontons, en effet, à quelques années précédant la révolution de 1830, et relatons les principaux événements politiques de la fin du règne de Charles X.

Après le despotisme impérial, le libéralisme s'était organisé sous la Restauration, pour résister à l'intolérance monarchique et religieuse, aux gens qui traitaient Louis XVIII « de jacobin », de « roi des charretiers ». Son opposition s'était traduite par la tribune, la presse et les associations ; même, nous l'avons dit, par la littérature et l'art.

Les royalistes, de leur côté, avaient combattu vigoureusement les libéraux, en employant les mêmes armes qu'eux, et surtout par la plaisanterie méprisante.

Selon un journaliste, deux anciens forçats se rencontrant, l'un disait à l'autre :

> Quoi ! je te vois, ami, loin du bagne fatal !
> Es-tu donc *libéré ?* — Non, je suis *libéral*.

Un avocat ultra-royaliste s'était écrié un jour avec enthousiasme, à propos de l'ancien régime :

« Oui, je le veux comme il était ; je ne ferais pas grâce d'un abus. »

Les soutiens du trône et de l'autel aimaient beaucoup à rire, à « danser sur un volcan », selon le mot de Salvandy, à humilier leurs ennemis.

La Fayette, ayant été acclamé à Lyon, dans

un voyage patriotique, la *Gazette de France* avait publié ce quatrain :

> Pour te fêter ici tout le monde s'empresse ;
> Cordonniers, forgerons, traiteurs, marchands d'habits,
> Chacun y met du sien ; et, dans ta douce ivresse,
> Tu peux voir à Lyon tous les *états unis*.

Pendant que ces messieurs plaisantaient, l'opposition faisait la boule de neige, grossissait à vue d'œil. Elle ne riait pas, dressait ses batteries, s'apprêtait à agir énergiquement.

Aveugle qui ne voyait pas l'état des politiques militants ; insensé qui ne craignait pas un dénouement prochain, favorable à l'une ou à l'autre cause.

Charles X s'imaginait avoir tout gagné en licenciant la garde nationale, dont il ne voulait pas « recevoir les leçons ». Mais le duc de Doudeauville, ministre de la maison du roi, déjà irrité pour avoir vu les agents de police jeter dans le ruisseau le cercueil de son parent, le vénérable La Rochefoucauld-Liancourt, donnait sa démission.

Des citoyens s'étaient avisés d'exposer à leurs fenêtres leur uniforme de garde national, avec cet écriteau : *A vendre.*

Plus la censure biffait stupidement des phrases, plus les malices des opposants, — républicains, libéraux, impérialistes, amis de la Charte, — se multipliaient. Pas un libéral, même très modéré, qui échappât aux ciseaux : de Kératry, par exemple, et Lacretelle, et Mignet, et Montlosier, et le duc de Choiseul, etc. !

Fontan était condamné à cinq ans de prison, pour avoir publié, le 20 juin 1829, dans le journal l'*Album*, le *Mouton enragé*, où on lisait :

« Figurez-vous *un joli mouton blanc*, frisé, peigné, lavé chaque matin, les yeux à fleur de tête, les oreilles longues, la jambe en forme de fuseau, la ganache (autrement dit la lèvre inférieure) lourde et pendante, enfin un vrai mouton du Berri ! Il marche à la tête du troupeau, il en est presque le monarque. Un pré immense lui sert de pâture à lui et aux siens ; sur le nombre d'arpents que le pré contient, une certaine quantité lui est dévolue de plein droit : c'est là que pousse l'herbe la plus tendre ; aussi devient-il gras, c'est un plaisir ; ce que c'est pourtant que d'avoir un apanage !!! — Notre mouton a nom Robin.... Il répond aux compliments qu'on lui fait par des salutations gracieuses ; il montre les dents en signe de joie....Malgré son air de douceur il est méchant quand il s'y met ; il donne dans l'occasion un coup de dent tout comme un autre ; on m'a raconté qu'une brebis de ses parentes le mord chaque fois qu'elle le rencontre, parce qu'elle trouve qu'il ne gouverne pas assez despotiquement son troupeau et, je vous le confie sous le sceau du secret, le pauvre Robin-Mouton est enragé. Ce n'est pas que sa rage soit apparente, au contraire, il cherche autant que possible à la dissimuler. Éprouve-t-il un accès, a-t-il besoin de satisfaire une mauvaise pensée, il a bien soin de regarder auparavant si personne ne l'observe; car Mouton-Robin sait quel sort on destine aux animaux qui sont atteints de cette maladie. Il a peur des boulettes, Robin-Mouton, et il sent sa faiblesse. Si encore il était un bélier, oh! qu'il userait largement de ses deux cornes! Comme il nous ferait valoir ses prérogatives sur la gent moutonnière qui le suit! Peut-être même serait-il capable de déclarer la guerre au troupeau voisin; mais hélas! il est d'une famille qui n'aime pas beaucoup à se battre et, quelles que soient les velléités de conquêtes qui le chatouillent, il se ressouvient avec amertume que c'est du sang de mouton qui coule dans ses veines. Cette idée fatale le désespère... Console-toi, Robin, tu n'as pas à te plaindre; ne dépend-il pas de toi de mener une vie paresseuse et commode? Qu'as-tu à faire du matin au soir? Rien. Tu bois, tu manges et tu dors; tes moutons exécutent docilement tes ordres, contentent tes moindres caprices; ils sautent à ta volonté; que demandes-tu donc? Crois-moi, ne cherche pas à sortir de ta quiétude animale, repousse ces vastes idées de gloire qui sont trop grandes pour ton étroit cerveau. Végète, ainsi qu'ont végété tes pères. Le Ciel t'a créé mouton, meurs mouton. Je te le déclare avec franchise, tu ne laisserais pas que d'être un méchant quadrupède... si, *in petto*, tu n'étais pas enragé. »

Le tribunal déclarait que le *Mouton enragé* « contenait une série d'allusions évidemment outrageantes pour la personne du Roi et la dignité royale... »

L'article de Fontan, imprimé ou manuscrit, circula de toutes parts.

L'*Album*, où il parut, était rédigé par Magalon et Fontan. Poursuivi et condamné, Magalon fut accouplé à des voleurs, dans la maison centrale de Poissy, où Fontan éprouva plus tard les mêmes rigueurs, jusqu'à la révolution de Juillet.

Rendu alors à la liberté, Fontan put faire jouer à l'Odéon son drame de *Jeanne la Folle, ou la Bretagne au treizième siècle*, en cinq actes et en vers, supérieurement interprété par Mlle Georges et par Ligier. C'était le 26 août 1830. L'auteur se permit une petite vengeance contre le roi exilé. Un acteur nommé Arsène se composa, dans la pièce, une figure qui représentait d'une manière frappante la figure de Charles X.

Le public, sous le dernier roi légitime comme sous les « usurpateurs », se rua sur le fruit défendu.

Pour leur poème le *Fils de l'Homme*, Barthélemy et Méry étaient condamnés : leur poème passa dans toutes les mains.

Le *Figaro* (ancien), à l'occasion de l'avènement du ministère Polignac, publia son journal avec *un encadrement noir*. Il annonçait que « le chirurgien en chef de l'hôpital de la Charité devait incessamment opérer de la cataracte un auguste personnage »; et cette phrase valait au rédacteur six mois de prison.

C'était à peu près le temps où Vatout, célèbre par des chansons libres, publiait une brochure intitulée : *Aventures de la fille d'un roi, racontées par elle-même*, plaisante allégorie relatant les aventures de la charte de Louis XVIII.

La petite presse se développa beaucoup sous la Restauration : elle servit de levier aux hommes de 1830, et le pouvoir lui fit parfois une guerre vigoureuse, qui a continué, en sens contraire, après la révolution de Juillet.

Beaucoup de feuilles légères paraissaient et disparaissaient soudainement, comme les *Cancans*. Quelquefois, il existait dans leur rédaction un dessous de cartes policier.

Louis XVIII envoya assez souvent de sa copie

au *Nain Jaune*, fondé en 1814 par Cauchois-Lemaire, lançant force épigrammes contre les hommes de l'ancien régime, qu'il appelait « chevaliers de l'Éteignoir », et inventant « l'ordre de la *Girouette* », composé par lui des personnages politiques les plus versatiles.

Donc, Louis XVIII se moquait de ses ministres dans le *Nain Jaune*, au moyen de petits écrits anonymes qu'il faisait jeter dans la bouche de fer du journal. Lorsqu'il trouva que cette feuille était dangereuse, il employa un subterfuge pour la faire supprimer; il lui envoya une nouvelle écrite de sa main et qui commençait ainsi :

« Le roi s'endort tous les soirs aux Tuileries dans la peau d'une bête. »

On l'inséra, croyant à une plaisanterie royale La suppression du *Nain Jaune* suivit.

XII

Peu à peu, la génération s'accoutumait à rire des gouvernants, des descendants de saint Louis. Nous avons été bercés, nous, au bruit des chansons anti-royalistes; nous avons épelé, dans les journaux d'alors, plus d'un article « irrespectueux » à l'endroit des Bourbons.

Les hommes de l'époque pratiquaient beaucoup, déjà, les souscriptions, soit comme machines d'opposition, soit pour venir en aide à de grandes infortunes. La souscription en faveur des Grecs, combattant afin d'assurer leur indépendance, mit en mouvement toute la France, où les *Philhellènes* s'exaltèrent au point de devenir presque ridicules.

Qu'il y eût ou non un peu de politique et un peu de vanité mêlés à des idées philanthropiques, dans l'enthousiasme des souscripteurs, ces mouvements n'en amenaient pas moins de bons résultats. Et, depuis, ces façons généreuses d'agir se sont multipliées.

L'usage de prononcer des discours sur les tombeaux se généralisa, quoique le clergé prétendît avoir seul ce droit, à l'exclusion des laïques. C'était un « moyen de manifestation » que nous n'avons pas négligé. En faisant l'éloge du mort, on signale aux survivants « l'attitude infâme du gouvernement », et quelquefois on glisse un appel aux armes. Le plus souvent, sous la Restauration, on se contentait d'entretenir la lutte contre l'opinion rétrograde.

Les « doctrinaires », dont le premier chef fut Royer-Collard, rêvaient la réconciliation de la France nouvelle avec la vieille monarchie. Ils étaient très peu nombreux.

« Leur parti tiendrait tout entier sur mon canapé, » disait le comte Beugnot.

On l'appelait le « parti du canapé », et les hommes de passion n'en tenaient aucun compte.

L'activité politique des libéraux poussait des racines profondes et développées, — carbonarisme, souscriptions nationales, sociétés secrètes, complots divers, journaux, livres et brochures. Les noms de Jacques Laffitte, de La Fayette, de d'Argenson, de Kératry, de Manuel, de Casimir-Périer, de Benjamin Constant, d'Etienne, d'Odilon-Barrot, de Mérilhou, de Dupont de l'Eure, se trouvaient parfois accolés aux noms de gens qui voulaient aller jusqu'au républicanisme.

Dans ces coalitions, même, se rencontraient des impérialistes, prompts et habiles à faire le coup de feu, en espérant travailler pour Napoléon II, que Barthélemy et Méry avaient célébré, et dont la phtisie s'emparait.

Étudiants, ouvriers, bourgeois, étaient enrôlés parmi les défenseurs de la liberté menacée, confusément, sans liens solides. L'autorité avait fermé ou suspendu les cours de Guizot à la Sorbonne, supprimé l'École normale supérieure, persécuté les professeurs Villemain et Cousin, de telle sorte que ceux-ci, avec leurs élèves, entraient en révolte contre elle.

L'avènement du ministère Polignac, succédant à celui de Martignac, semblait un défi; si bien que La Bourdonnais, sortant du cabinet quand Polignac y entrait, répondait à un ami, lui demandant pourquoi il se retirait :

« Quand je joue ma tête, je veux tenir les cartes ».

Un coup d'État était dans l'air, et chacun se mettait en garde contre la démence du souverain ; mais peu d'hommes politiques avaient des principes arrêtés.

Le *National*, journal d'Armand Carrel, paru le 3 janvier 1830, représentait le groupe des avancés, et comptait Thiers et Mignet au nombre de ses collaborateurs. Tout naturellement, Thiers et Mignet donnaient dans l'occasion la main à des publicistes plus radicaux, à Cauchois-Lemaire et à bien d'autres.

La nouvelle feuille mit la Restauration en état de siège, si l'on peut dire ainsi. Elle s'occupa « d'enfermer les Bourbons dans la Charte, de fermer exactement les portes et de les forcer à sauter par les fenêtres ».

Thiers menait cette campagne, qu'on appela « un autre siège de Toulon ».

Parmi les rédacteurs les plus modérés figuraient Rolle, Dubochet et Prosper Mérimée.

Dans le principe, Armand Carrel ne fut qu'en sous-ordre au *National*, quoiqu'il eût eu la première idée de cette feuille, quoiqu'il en eût donné le titre. Il n'en devait prendre la rédaction en chef que plusieurs mois plus tard, quand ses principaux collègues entrèrent au gouvernement.

Tel était le mouvement des esprits et des hommes, lorsque la crise politique arriva, lorsque sonna l'heure de la lutte.

La protestation des journalistes contre l'ordonnance du 25 juillet 1830, qui violait la Charte, était signée par des libéraux de toutes nuances, depuis Charles de Rémusat, rédacteur du *Globe*, jusqu'à Nestor Roqueplan, rédacteur du *Figaro* (l'Ancien).

La protestation des députés était revêtue de signatures non moins variées en couleurs : Audry de Puyraveau, à côté de la Rochefoucauld; Persil, à côté de Labbey de Pompières; Lobau, à côté de Mauguin, etc.

Quiconque tenait une plume s'était jeté dans la mêlée, sans penser d'abord à combattre avec le fer.

Puis, on entendit Alexandre Laborde dire aux étudiants :

« Ce ne sont plus de vaines paroles que réclame le pays. Il faut recourir aux armes : une action unanime, forte et puissante, peut seule sauver nos libertés ! »

Thiers voulait des « têtes au bas de la protestation »; voilà pourquoi il avait exigé des signatures.

XIII

Après la victoire dans les rues, rupture du faisceau : quoi de plus naturel !

Louis-Philippe, ayant « bâclé sa charte », divisa promptement les coalisés, les *bâcleurs*.

Aux uns, des ministères; aux autres, des directions générales; à d'autres, des ambassades; à beaucoup, des poignées de main et des promesses.

Rien pour les républicains, dont on se défiait.

Peu à peu, les personnalités militantes s'effacèrent dans les régions du pouvoir. Dupont de l'Eure sembla dangereux, La Fayette aussi, Laffitte aussi; et Casimir Périer devint président du conseil, lui que Charles X, le 29 juillet, avait nommé ministre des finances, en compagnie du comte Gérard, ministre de la guerre.

Casimir Périer avait été de ceux qui suivirent le mouvement insurrectionnel de 1830, mais qui ne se mirent pas en avant pour le déterminer. Il s'était rallié au peuple, en disant :

« C'en est fait! Après ce que vient de commencer la population de Paris, dussions-nous y jouer mille fois nos têtes, nous sommes déshonorés si nous ne nous mettons pas avec elle! »

Beaucoup le savaient et redoutaient son habileté.

En même temps, les philippistes commencèrent à se gausser des « héros de Juillet », c'est-à-dire de ceux qui avaient fait cuire les marrons qu'ils tiraient du feu : des Bastide, des Étienne Arago, des Frédéric Soulié, des Noël Parfait et des Littré.

Par un projet de loi, présenté en décembre 1830, le Panthéon devait « recevoir les restes des citoyens illustres qui ont bien mérité de la patrie. » Il resta enseveli dans les bureaux. Foy et Manuel ne furent placés au Panthéon qu'en effigie, par des élèves de l'École polytechnique. Pour les cendres de Benjamin Constant et du charitable Larochefoucauld-Liancourt, il n'en fut plus question; le gouvernement se borna à faire graver la liste des morts de Juillet sur quatre tables de bronze, placées dans le temple le 27 juillet 1831, en pompeuse cérémonie.

Le roi scella successivement les quatre tables de bronze, et termina une courte allocution par le cri de *Vive la France!* Une immense assemblée applaudit la *Marseillaise*, exécutée par cinq cents musiciens; puis l'orchestre joua une symphonie funèbre; puis Adolphe Nourrit chanta une cantate avec chœur, et la *Parisienne*, dont les refrains furent répétés en chœur; enfin la *Marseillaise* retentit sous les voûtes du Panthéon.

Nourrit, disons-le en passant, chantait souvent la *Parisienne*, qui était un peu son œuvre, sous l'habit de garde national. Il se fatigua à un tel point qu'il lui survint une inflammation du larynx, et qu'il écrivit à un ami : « Grâce aux sangsues, ventouses, cataplasmes, etc., la voix me revient; mais, pour la conserver, je crains bien d'être obligé de me brouiller avec la patrie. »

La *Parisienne* était une marche prussienne ou hanovrienne, remaniée par Nourrit.

On fit plus que rire des hommes qui avaient accompli la révolution; on les renia, on les insulta.

Le 1ᵉʳ août 1831, lorsque la Chambre des députés élut son président, on trouva sur l'un des bulletins ces mots odieux : *Jacques Lafaillitte*, par allusion à l'état de fortune de Laffitte.

La fortune de Laffitte, déjà entamée par ses largesses pendant la lutte libérale sous la Restauration, avait été anéantie par la crise financière qui survint après la Révolution de Juillet.

En 1818, il avait fourni cinq millions pour arrêter des désastres qui menaçaient la place de Paris, car la Bourse se trouvait dans l'impossibilité de faire sa liquidation. En 1824, il avait appuyé le projet de réduction des rentes que soutenait Villèle, en se basant sur ce principe que diminuer les charges de l'État c'est réduire les charges du peuple. Il avait relevé la fortune du général Foy, et il avait aidé de sa bourse Châteaubriand, forcé d'emprunter lorsqu'il donna sa démission de l'ambassade de Rome.

Enfin, quand Charles X avait révoqué ses ordonnances, président de la réunion dans laquelle le comte d'Argout vint proposer des accommodements, Jacques Laffitte avait répondu :

« Il est trop tard ! Il n'y a plus de Charles X. »

Laffitte s'étant blessé, en traversant une barricade, le duc d'Orléans s'en aperçut.

« Ne regardez pas à mes pieds, lui dit Laffitte, mais à mes mains, il y a une couronne. »

Comme beaucoup de hauts personnages, le banquier comptait pour ennemis les gens qu'il avait combattus, ceux qu'il avait obligés, ceux avec lesquels il ne pouvait s'accorder en politique avancée.

Et les procès de presse ne discontinuèrent pas, car les ministères « de résistance » se succédaient.

Germain Sarrut, directeur de la *Tribune*, fut impliqué, sous Louis-Philippe, dans cent quatorze procès ; il prit lui-même près de soixante-dix fois la parole pour se défendre ; Antony Thouret subit plus de trente procès, et fut condamné à cent mille francs d'amende.

Les accusés, sur leur banc, faisaient une propagande énorme en faveur de la République. Auguste Blanqui s'écria, devant ses juges :

« 93 est un épouvantail bon pour les portières et les joueurs de dominos. »

Déjà Barbès, étudiant en 1830, s'affiliait successivement aux sociétés secrètes, — aux *Saisons*, aux *Droits de l'homme*.

Armand Barbès et Auguste Blanqui commençaient leur carrière révolutionnaire. Ils allaient conspirer sans cesse contre la monarchie, Blanqui surtout, dilettante en fait de manifestations et d'émeutes, homme d'action très résolu.

L'*Union de Juillet*, placée sous le patronage de La Fayette, se composait des décorés de Juillet qui avaient refusé de prêter serment à Louis-Philippe, et dont le but était d'obtenir les « conséquences de la révolution ». Les décorés, alléguant que leurs titres étaient antérieurs à ceux du roi, avaient résolu de ne pas recevoir la décoration de ses mains.

En outre, quelques hôtels de légitimistes servaient de lieux de rendez-vous, où l'on ne se contentait pas de plaisanter sur le roi des maçons, sur « l'anecdote de Juillet », sur les « glorieuses journées ». Entretenant des correspondances avec la province, plusieurs anciens serviteurs de Charles X rêvaient une troisième Restauration, se préparaient à des actes offensifs.

Deux sortes de légitimistes existaient : les légitimistes actifs, se compromettant dans les complots, — Valérius, bandagiste; Durouchoux, fils d'un négociant en vins; Quinel, épicier; Boblet, graveur et marchand d'estampes sur le quai des Augustins. Le « père Boblet », que je connaissais bien, ne laissait point passer une seule occasion de manifester, de colporter des portraits de Henri V, de faire de la propagande pour le *roy* dans toutes sortes de petites sociétés cléricales.

Quant aux légitimistes usant seulement du journal ou de la parole, ils lançaient surtout des mots méchants contre le roi-citoyen.

Ils prétendaient, par exemple, que les membres de la famille de Louis-Philippe étaient exclus de la grande famille des souverains, et ne se marieraient pas avec des princesses. Ils parlaient de « blocus matrimonial ». Ils s'entendaient avec les républicains pour ridiculiser Louis-Philippe à cause de son riflard légendaire et de son toupet caractéristique.

En 1831, un desservant, dans l'arrondissement de Saint-Gaudens, osa dire en chaire « que Charles X était seul roi légitime ; qu'il serait roi malgré les fauteurs et les menteurs de Paris ; que les Bourbons étaient pour la France un bouquet odoriférant, et Louis-Philippe un fouet pour les châtier. »

Le suicide du prince de Condé, que l'on trouva pendu dans son appartement, à une espagnolette de croisée, donna lieu à toutes sortes de suppositions et de polémiques contre la famille d'Orléans. On accusait Louis-Philippe de complicité avec la baronne de Feuchères, *amie* du prince qui avait expiré dans son château de Saint-Leu.

Les légitimistes, plus encore que les républicains, comptèrent parmi les accusateurs, et prononcèrent le mot de crime.

Par exemple, le baron de Saint-Cricq, fort connu pour ses excentricités voisines de la monomanie, causa un grand scandale, un soir, au théâtre de la Porte-Saint-Martin.

Comme Mme de Feuchères venait d'entrer dans

une loge, le baron de Saint-Cricq, placé au balcon, s'écria en désignant cette femme :

« Elle a du sang sur sa robe! Elle a tué le malheureux prince ! »

Émoi général, épouvante de la baronne de Feuchères, vers laquelle tous les regards se dirigèrent. Elle s'évanouit, puis elle disparut soudainement.

Quant à M. de Saint-Cricq, des voisins de stalle le calmèrent, et il ne parut pas prêter la moindre attention à ce qui se passait dans la salle.

L'affaire n'eut aucunes suites sérieuses. L'excentrique baron continua d'occuper de sa personne la haute société parisienne.

Ajoutez à l'effet du suicide mystérieux du prince de Condé, les duels politiques assez fréquents, — les effarements causés par le premier choléra, — l'affaire frauduleuse des fusils Gisquet, — le succès des caricatures sur le roi et ses ministres, — les allusions contenues dans les pièces de théâtre, — les maladresses de quelques agents du pouvoir, — la fermeture du temple Saint-Simonien et les tentatives d'Église française par l'abbé Chatel, — les mouvements insurrectionnels dans la Vendée, et vous comprendrez l'effervescence des hommes d'action, ainsi que leurs incessantes et souterraines menées pour prendre une revanche contre la royauté citoyenne.

L'insurrection des 5 et 6 juin 1832 inspira à M. Noël Parfait un poème apologétique, intitulé : *L'Aurore d'un beau jour;* et depuis le 1er mars 1832, Barthélemy dans sa satire hebdomadaire, *la Némésis,* dardait les traits les plus brûlants sur les hommes du gouvernement, de même que les *Iambes* d'Auguste Barbier, dénonçant la curée des places, exaltant le lion populaire, maudissant le règne de la force, sentaient la poudre et les balles, à l'heure où le peintre Eugène Delacroix exposait *la Liberté guidant le peuple sur les barricades.*

M. Noël Parfait n'a rien perdu de ses convictions républicaines, dont l'âge seulement a adouci les juvéniles exaltations.

Barthélemy, peu après l'insurrection, publia la *Justification de l'état de siège,* brochure en prose, qu'il avoua, qu'il *justifia* en vers, mais qui fit douter de sa sincérité. Pour ma part, — et nombre d'amis étaient d'accord avec moi sur ce point, — je ne pardonnais pas ces actes de caméléon à un homme qui avait outragé Lamartine dans une satire datée du 3 juillet 1831, et à qui le poète des *Méditations* avait noblement répondu.

Barthélemy chanta, depuis, *l'Art de fumer,* ou

la *Pipe et le Cigare*, et il écrivit un poème en deux chants, *la Syphilis*, avec des notes du docteur Giraudeau de Saint-Gervais. Il avait chanté Charles X et l'amour de la France pour son roi légitime, en 1825. L'implacable satirique n'eut plus de lecteurs à partir de 1832 jusqu'à la fin de sa vie.

Auguste Barbier, étonnant par sa verve, et qui électrisa notre jeunesse, renonça à la satire sans renoncer à la poésie ; il vécut doucement, devint académicien, et, par le calme tout bourgeois de ses allures, parut démentir en vieillissant ses premières inspirations, si ardentes, si passionnées.

Que de fois je le rencontrai, soit en visites, soit dans les rues du quartier Latin ! Personne, à sa vue, n'eût pensé que ce fût là Auguste Barbier, dont « le vers rude et grossier, honnête homme au fond », enflamma une partie de la génération de 1830.

S'il se calma, du moins ce ne fut point par suite de corruption. Personne ne conçut de mauvaises pensées à son égard. Il resta « honnête homme », comme son vers.

XIV

Louis-Philippe pratiquait la doctrine du *juste-milieu*, entre la *résistance* et le *mouvement;* mais il gouverna à l'aide de ministres de plus en plus conservateurs.

En janvier 1832, le comte de Montalivet, doctrinaire, ami du roi, « bras droit » de Casimir Périer, presque toujours combattant les principes libéraux qu'il affichait, prononçait le mot « sujets » dans un discours officiel; et partout s'élevaient de très vives protestations.

Sujets! expression mal sonnante, « attentatoire à la révolution de juillet », selon La Fayette, surtout quand elle sortait de la bouche d'un doctrinaire.

Dupin aîné, Larabit, Odilon-Barrot, Laffitte, Mauguin, Audry de Puyraveau même, l'avaient employée, naguère, sans qu'on y trouvât à redire. Mais les esprits devenaient chatouilleux, les caractères irascibles. En pleine séance de la Chambre, on avait répondu à Montalivet : « Les hommes qui font des rois ne sont pas des sujets. A l'ordre, l'*Excellence !* » « Les sujets sont restés ensevelis sous les barricades de Juillet », etc., etc.

Les protestations, dans le public, furent très nombreuses et très indignées, d'autant plus qu'il s'agissait de fixer la liste civile de Louis-Philippe ; que le vicomte de Cormenin avait commencé à publier dans les journaux des lettres virulentes à ce propos, lettres qui firent sensation, en plaçant leur auteur parmi les opposants à une quasi-légitimité.

Les *Lettres sur la liste civile* changèrent Cormenin, jurisconsulte très apprécié, en très redouté pamphlétaire. Sa plume devait faire de larges blessures au roi-citoyen.

Le groupe des mécontents augmentait à vue d'œil ; certains amis anciens du duc d'Orléans — avant la couronne — en étaient réduits à rester dans leur coin, s'ils ne voulaient pas suivre la pente réactionnaire, ou s'ils répugnaient à rompre avec l'élu de leur groupe, avec le prince qui, selon Dupin aîné, « avait été appelé au trône non parce qu'il *était* Bourbon, mais *quoique* Bourbon ».

Un des hommes qui boudèrent avec persistance la royauté de Juillet telle qu'elle se modifiait, fut le chansonnier Béranger, très populaire, on le sait, à cause de son hostilité perpétuelle, fatale à la Restauration.

Béranger voyait renaître les abus monarchiques. Il avait un peu de sang républicain dans les veines. Vers l'âge de quinze ans, il présidait un club d'enfants dont il était l'orateur patriotique.

L'auteur du *Sénateur* et du *Roi d'Yvetot*, ces deux petits bijoux de malice contre les courtisans de l'Empereur, « avait pris goût à la République, depuis qu'il avait vu tant de rois », et ce qui se passa après la chute de Charles X lui retirait une dernière illusion, celle d'applaudir un roi travaillant dans le sens de la Révolution, « même étendant un peu la sphère de Quatre-Vingt-Neuf ».

Ses amis soutenaient le pouvoir nouveau, quoi qu'il fît; mais Béranger, après avoir échappé, comme il disait, « au danger d'être décoré », parce qu'il craignait « la glu des rois », après avoir déclaré à « ses amis ministres » qu'il n'accepterait rien, donna ironiquement aux Belges le conseil « de faire un roi », dont « partout la matière se trouve », et il se retira du monde politique pour toujours.

En 1848, Béranger ne voulut pas accepter le

mandat de représentant ; il s'éteignit sans daigner s'occuper de Napoléon III, qui le fit enterrer, par politique, avec les honneurs dus à un « poète national. »

En 1857, le *Moniteur universel* rendit hommage à celui « dont les œuvres avaient si puissamment contribué à entretenir le culte des sentiments patriotiques en France » ; ajoutons : « à célébrer la légende napoléonienne ». Ce fut aux frais de la liste civile que l'on accomplit les obsèques de Béranger, en exagérant la pompe officielle de la cérémonie, — par crainte de manifestations trop populaires. Ce chansonnier, cet homme modeste eut le convoi d'un maréchal de France. Le gouvernement l'honora à contresens ; mais cette habileté ne trompa personne.

J'ai dit que Guizot, Villemain et Cousin avaient joué un grand rôle pendant la Restauration.

La jeunesse lettrée, suivant leurs cours assidûment, y prenait des leçons de libéralisme, en dépassant parfois les limites que ces professeurs assignaient à leur enseignement. Elle cherchait des allusions dans les phrases les plus modérées de ton et de pensées.

Lorsqu'on s'aperçut, après 1830, que tous les trois reniaient leur passé, qu'ils marchaient avec les hommes qui « avaient filouté la République aux héros de Juillet », suivant l'énergique expression de Chateaubriand, on ne leur pardonna pas cette conduite. On s'indigna surtout contre Guizot ; on se rappela qu'il avait fait le voyage de Gand ; on pressentit qu'il oserait bientôt, sous prétexte d'ordre public, accuser l'opposition d'être un obstacle à la liberté.

Oui, dans sa chaire de la Sorbonne, l'illustre Guizot, l'ancien homme de Gand, membre d'une sorte de triumvirat, monta l'imagination des jeunes gens qui l'écoutaient. Ses actes ensuite démentirent ses premiers discours ; et chaque fois qu'il préconisa la résistance, les républicains, ou seulement les libéraux avancés, lui jetèrent à la face le nom de transfuge. Son impopularité égala son « dédain » pour les démocrates ; sa réputation méritée, comme historien, subsista, heureusement pour sa mémoire, et elle n'a guère faibli depuis qu'il est mort.

Plusieurs notabilités de l'époque, caméléons politiques, sont restés célèbres à cause de leur valeur scientifique ou littéraire.

La génération de 1830 a eu cet inestimable avantage. L'homme d'État s'évanouissait, mais le penseur gardait son prestige.

Les doctrinaires, sans principes, hommes des circonstances, cherchaient à s'emparer du gouvernement, en même temps que « l'opposition dynastique » se formait, et que Thiers représentait cette nuance politique dans le parlementarisme.

Déjà le système de « bascule » s'implantait, de telle sorte que Louis-Philippe passa alternativement, plus tard, de Guizot à Molé, de Molé à Thiers, et de Thiers à Guizot.

Comment n'eût-il pas donné, par-ci par-là, en sa propre faveur, un petit coup de pouce à la balance?

Le trône, qui devait être entouré « d'institutions républicaines », avait conféré au jury la connaissance des délits de la plume, et des délits politiques se rattachant à ceux de la presse. Une loi avait durement réprimé les attaques commises par la voie des journaux contre les droits et l'autorité du roi et des Chambres.

La garde nationale était mutilée; son artillerie, bien connue pour ses opinions démocratiques, était dissoute.

Les mesures prises contre les attroupements avaient un caractère agressif, presque provocateur, rappelant la loi du 3 août 1791, rappelant la loi martiale, de lugubre mémoire.

Voilà comment on inaugurait la politique de résistance, et comment Louis-Philippe donnait des satisfactions à la Révolution dont il sortait.

La « meilleure des Républiques » se changeait en gouvernement personnel; le roi ne pensait qu'à assurer l'avenir de sa dynastie, et comptait beaucoup, à cet effet, sur sa nombreuse et sympathique famille.

Lors du procès des ex-ministres, signataires des fatales ordonnances, en décembre 1830, les troupes de ligne, à l'exclusion de la garde nationale, occupèrent seules le jardin du Luxembourg, à l'heure où les accusés devaient le traverser.

La Fayette remarqua « que l'on employait trop d'armée et pas assez de peuple », et une émotion très sérieuse s'ensuivit.

Les ex-ministres comparurent devant la Chambre des pairs, transformée en cour de justice. Les audiences ressemblèrent à des tournois d'éloquence, et les juges oublièrent que le sang du peuple avait coulé à flots.

Le modéré Martignac fut appelé comme défenseur par Polignac, qui l'avait remplacé comme ministre. Martignac, si persuasif, si élégant que, naguère, Dupont de l'Eure lui avait crié doucement de son banc, à la Chambre des Députés : « Tais-toi, sirène ! » produisit un chef-d'œuvre oratoire.

Guernon-Ranville, défendu par Crémieux, avocat encore peu connu à Paris, mit son défenseur dans l'obligation d'improviser une magnifique plaidoirie, tout autre que celle qu'ils avaient concertée ensemble.

Sauzet plaida pour Chantelauze, — si habilement que les pairs quittèrent leurs bancs pour le féliciter.

Hennequin se fit beaucoup remarquer en essayant de rendre Peyronnet blanc comme neige, ce qui dépassait toutes les bornes de la vraisemblance.

Ces quatre avocats, qui ont contribué à l'honneur du barreau français, eurent des fortunes diverses.

Martignac, ministre, député royaliste, homme de lettres, car il a commis, entre autres productions littéraires, un vaudeville intitulé *Ésope chez Xanthus*, ne prit qu'une faible part aux luttes de la politique et mourut bientôt, en 1832.

Crémieux, au contraire, devenu très expert dans les procès politiques, a fourni une longue carrière, et compte à son actif plus d'un fait révélant la loyauté de son caractère. Israélite, il refusa, plus tard, d'écrire un mémoire pour justifier le juif Deutz, qui vendit à prix d'argent la duchesse de Berry; il répondit au Judas dont Hugo a dit :

> Et Louvel indigné repoussera la main,

« ... Si vous m'appeliez comme avocat, je ne vous refuserais pas mon ministère : tous les accusés ont le droit de l'invoquer. Mais vous êtes libre, dans tout l'éclat du triomphe lucratif, objet de votre ambition ; je n'ai rien à faire pour vous. Je n'arriverais pas à vous justifier aux yeux du public : la France est sourde à la justification d'une lâcheté. Il faut subir la honte, quand on a consommé la trahison. D'ailleurs, je ne vois rien pour excuser un crime que je déteste et qui ne vous traîne pas devant d'autres juges que l'opinion publique. Si vous avez compté sur moi comme coreligionnaire, que votre erreur finisse... »

La lettre fit le tour de la presse et valut l'estime de tous à Crémieux, dont j'aurai probablement à parler encore.

Maître Sauzet, peu après, assista le général de Saint-Priest dans l'affaire du *Carlo-Alberto*, bateau à vapeur qui ramena la duchesse de Berry en France. Il défendit ensuite son confrère Jules Favre, poursuivi par la Cour de Lyon à cause d'un article attaquant la magistrature ; il fit acquitter son client, qui débutait dans la vie politique.

Sauzet, discoureur abondant et fleuri, mais sans principes arrêtés, parfois juste-milieu et parfois doctrinaire résistant, s'est échoué à la présidence de la Chambre des Députés, dans la seconde moitié du règne de Louis-Philippe. Il manqua d'énergie au fauteuil, lorsque éclata la révolution de février 1848.

Pour Hennequin, il se distingua surtout par son royalisme, et plaida une foule de causes civiles dans lesquelles il s'agissait de séparation de corps. Il tirait volontiers les larmes des yeux de son auditoire, et souvent il abusait des considérations morales.

Qu'on juge de son éloquence sentimentale! A peine reçu licencié en droit, il avait été appelé sous les armes par la conscription, et incorporé dans un régiment d'artillerie à pied. En 1807, des paysans d'Osnabruck furent traduits devant un conseil de guerre français, pour avoir résisté à une levée de contributions, pour avoir tué plusieurs gendarmes. Hennequin se présenta comme défenseur de ces paysans, et parla avec tant d'émotion et de tact qu'il obtint l'acquittement des accusés.

De retour à Paris, après la paix de Tilsitt, Hennequin conquit promptement au barreau une place hors ligne. Il plaida un jour contre Philippe Dupin, si éloquemment que l'accusé, fripon fieffé, échappa à la condamnation. Un assistant à l'audience composa aussitôt cette épigramme :

    Maître Hennequin, vous avez la réplique;
      Vous parlez d'or, maître Hennequin.

> Si jamais je me fais coquin,
> Maître Hennequin, vous aurez ma pratique.

Cet intègre avocat, ce jurisconsulte instruit est mort en 1840. Un choix de ses plaidoyers, imprimés par les soins de ses admirateurs, peut passer pour un modèle du genre ; au fond solide il joint la forme élégante et fleurie.

V

Les combattants de Juillet pensaient que les ex-ministres de Charles X seraient condamnés à la peine capitale. On proférait des cris de mort sous les fenêtres de la prison. Le jugement ne prononça que l'emprisonnement perpétuel.

Chantelauze dit alors à Guernon-Ranville :

« Eh bien ! mon cher, nous aurons tout le temps de jouer aux échecs. »

Ce mot sembla impudent, et les mécontents se figurèrent que, dans cette occasion, la branche cadette des Bourbons s'entendait avec la branche aînée. Ils accusèrent Louis-Philippe de ménager à dessein de grands coupables.

D'ailleurs, les légitimistes prenaient des allures chevaleresques, contrastant avec les mesquineries des philippistes.

Dans son ouvrage *de la Restauration et de la*

Monarchie élective, Chateaubriand écrivait : « Je suis bourbonien par honneur, royaliste par raison et par conviction, républicain par goût et par caractère. »

Ayant refusé de prêter serment au roi-citoyen, et s'étant exclu lui-même de la Chambre des pairs, il se liait avec Béranger, dont une chanson l'avait rappelé de Suisse; il se liait avec Armand Carrel et les hommes les plus marquants du parti avancé.

Selon nombre de gens, le Bayard de la légitimité tendait la main au « Bayard du journalisme républicain » pour attaquer l'usurpateur Louis-Philippe, qui avait « volé la couronne à son cousin ».

Et lorsque Chateaubriand était arrêté, au moment de l'entreprise de la duchesse de Berry, l'illustre Pierre-Antoine Berryer, qui avait, en 1826, prêté le secours de sa merveilleuse éloquence à Lamennais, faisait acquitter l'auteur d'*Atala*, comme il défendit plus tard les républicains Audry de Puyraveau et Voyer-d'Argenson, comme il défendit, plus tard encore, le prince Louis Bonaparte, représentant de l'impérialisme.

Charles X, exilé, excitait des sympathies éclatantes.

Dans une pièce de vers datée du 10 août 1830,

Victor Hugo, tout en célébrant « les jeunes étendards » du peuple, s'écriait :

> Je n'enfoncerai pas la couronne d'épines
> Que la main du malheur met sur des cheveux blancs !

Dupuytren, le chirurgien légendaire, écrivit à Charles X une lettre ainsi rapportée par Cruveilhier, l'éminent anatomiste :

« Sire, grâce en partie à vos bienfaits, je possède trois millions ; je vous en offre un ; je destine le second à ma fille, et je réserve le troisième pour mes vieux jours. »

D'autres poètes, d'autres savants manifestaient l'intérêt qu'ils portaient au vieillard d'Holy-Rood.

Louis-Philippe, en possession du trône, était attaqué de toutes parts, ridiculisé, appelé « roi des maçons » parce qu'il « aimait trop la truelle », se plaisait à faire construire, et se promenait fréquemment en compagnie de son architecte Fontaine ; — regardé comme un avare parce qu'il demandait des dotations pour ses enfants ; à tout instant déclaré parjure parce que, voulant trop gouverner par lui-même, il ne se contentait pas de régner. Le *Sun*, journal anglais, imprimait que Louis-Philippe « était un agioteur royal plus désireux de remplir sa bourse que de conserver et étendre la liberté de son peuple. »

Injurié par les légitimistes qui, ne l'oubliez pas, le traitaient d'usurpateur, et par les républicains, qui lui reprochaient ses actes dynastiques, ses répressions sanglantes, son ingratitude envers les hommes que son égoïsme avait dupés, Louis-Philippe passait des journées et des nuits agitées. L'avenir ne laissait pas que de l'inquiéter.

Quelquefois, en effet, il devait sentir le poids de sa situation difficile, comprendre sa faiblesse devant les exigences de la révolution et de l'opinion publique. Il l'a reconnu lui-même.

Un jour qu'il se trouvait en dissentiment avec Dupont de l'Eure, son garde des sceaux, il dit à celui-ci :

« Vous me donnez un démenti ? Tout le monde saura que vous m'avez manqué !

— Sire, répondit le garde des sceaux, quand le roi aura dit oui et que Dupont de l'Eure dira non, je ne sais auquel des deux la France croira. »

Le duc d'Orléans, prince royal, les réconcilia. Louis-Philippe embrassa son ministre, qui garda le portefeuille de la justice, mais pour peu de temps, jusqu'au moment où La Fayette, désabusé, renonça au commandement général des gardes nationales.

Le surnom de « maire du palais » était donné à ce général par les courtisans; le journal *le Temps* l'appelait « citoyen-roi », et une autre feuille voyait en lui un « Polignac populaire ».

Louis-Philippe, habile et spirituel, disait d'un ministère à constituer, qu'autant aurait valu pour lui, en temps d'averses, courir après les fiacres refusant de marcher, malgré leur extrême désir de se mettre en route. Un fiacre se quitte comme il se prend, au premier carrefour. De même, pensait-il, pour un ministère, rudement cahoté par les Chambres, et destiné à verser facilement.

Les serments de fidélité ne lui manquaient pas. « Comme on compte l'âge des vieux cerfs aux branches de leurs ramures, écrit Chateaubriand, on peut aujourd'hui compter les places d'un homme par le nombre de ses serments. »

Berryer s'écria plus tard : « Il y a quelque chose de plus déplorable, de plus dangereux que le cynisme révolutionnaire, c'est le cynisme des apostasies. » Il fut très répandu, dès le début du règne. On appela un magistrat « l'homme aux dix-sept serments ».

Le moins que pussent faire les vainqueurs de Juillet, évincés du pouvoir, c'était de se jeter dans l'opposition constitutionnelle.

Ainsi fit Odilon-Barrot, après avoir été remplacé comme préfet de la Seine.

L'opposition constitutionnelle s'élevait sans cesse contre la *camarilla*, la coterie des personnes qui approchaient Louis-Philippe le plus près, et ne différaient pas beaucoup, pour la servilité, de l'entourage de Charles X.

Quelques politiques se tenaient toujours sur la brèche ministérielle, et allaient former un « tiers-parti »; d'autres cassaient les vitres, se dressaient en ennemis, comblaient les vides que les apostasies creusaient dans le parti républicain.

Barthélemy, dont nous lisions les satires avec une avidité comparable à celle que j'ai signalée à propos des œuvres romantiques, Barthélemy, dont le vers flagellait tour à tour d'Argout, Persil, Guizot et tous les hommes du pouvoir, qui reprocha cruellement à Dupin aîné d'avoir « chaussé des brodequins pour fuir dans les trois jours », avait fait volte-face, s'était tu soudainement, sans arriver à se justifier des soupçons graves qui pesaient sur lui. Le public ne l'imitait pas.

Dans les hautes sphères de l'administration, des volte-face pareilles à celle de Barthélemy irritaient la foule. L'épithète de « vendu » était accolée à plus d'un nom jusqu'alors porté aux nues. La magistrature, principalement, paraissait liée, corps et âme, aux groupes de la résistance.

D'anciens membres de la Charbonnerie et des Sociétés qui avaient sapé le trône de Charles X, se targuaient maintenant de modération en soutenant toutes les volontés du nouveau roi.

Persil était « furieux de modération », a dit La Fayette, furieux à un tel point que Mérilhou ne le voulait suivre. A la cour paraissaient bien des personnages connus pour avoir servi l'Empire et la Restauration, sans conviction aucune.

Soult, par exemple, malgré son activité, ses qualités administratives et ses talents militaires, ne pouvait trouver grâce devant les gens à principes. Il était représenté assistant à la procession, un cierge à la main, sous le règne de Charles X, et il était cité pour sa rafle de tableaux en Espagne, sous Napoléon Ier.

Sa cupidité indignait les masses, qui lui préféraient Gérard, héros de Ligny et de Waterloo. Gérard, nommé maréchal, avait refusé de cumuler son traitement avec celui de ministre, et les 27 000 francs alloués à titre de frais de premier établissement.

Avouons qu'il s'agissait là d'un rare désintéressement. Le maréchal Gérard demeura populaire.

XVI

Une croisade contre les mécontents s'était organisée dans les hautes sphères, à Paris et en province.

Un tableau, dressé en 1833, des procès intentés jusque-là par la Monarchie de juillet, en portait le nombre à plus de quatre cents.

Aussi les démocrates fondèrent-ils une « Société pour la défense de la presse patriote », à la tête de laquelle se placèrent des lutteurs politiques considérables, notamment Carrel, Godefroy Cavaignac, de Cormenin, Dupont de l'Eure, Garnier-Pagès et La Fayette.

Cette société ajouta plus tard à son but primitif la « défense de la liberté individuelle ». Les cotisations payèrent les amendes des journaux, fournirent des allocations mensuelles aux écrivains de nuances libérales plus ou moins foncées, et subventionnèrent la publication de brochures ou de pamphlets.

En conséquence de coalitions d'ouvriers qui demandaient une augmentation de salaire, les arrestations, les poursuites, les condamnations se succédèrent.

Pendant plusieurs mois, les crieurs publics débitèrent à grand nombre les écrits de la *Société des droits de l'homme*, que les libéraux modérés regardaient comme une « singerie dangereuse » de 1793. Un arrêt de la Cour royale reconnut leur droit, parce que leur profession était libre.

Les titres des imprimés, répandus partout, étaient, entre beaucoup d'autres : *Les crimes de la police;* — *A la potence les sergents de ville;* — *Proclamation aux ouvriers coalisés;* — *Catéchisme révolutionnaire;* — *Pourquoi nous sommes républicains;* — *Les débauches du clergé;* — *Catéchisme républicain.*

Contre les « persécutions » du préfet de police Gisquet, toute la presse républicaine, légitimiste, d'opposition dynastique même, s'éleva d'un commun accord.

On vit alors le gérant-rédacteur du *Bon Sens*, journal populaire, annoncer que, un certain dimanche, à deux heures après midi, il vendrait en personne, sur la place de la Bourse, les imprimés qu'interdisait la police.

A jour dit, à heure dite, une foule compacte — curieux, ouvriers, gardes nationaux — couvrit la place.

Rodde parut, sans se faire attendre. Il avait la blouse et le chapeau ordinaires des crieurs publics, ainsi qu'une boîte au fond de laquelle se trouvaient deux pistolets.

Quand il eut terminé sa distribution, aux acclamations des groupes qui l'entouraient, curieux, imprimeurs, charpentiers, tailleurs de pierre, gardes nationaux, il se rendit au restaurant Lointier (aujourd'hui Lemardelay), où, d'une fenêtre, il engagea la foule à se retirer paisiblement, et fut obéi.

Presque simultanément, une vingtaine de vendeurs, aux Tuileries, débitaient la *Déclaration des droits de l'homme et du citoyen*, celle de 1793, sous les fenêtres de Louis-Philippe.

« Tous ceux qui ont vu ce qui s'est passé et qui voient ce qui se passe aujourd'hui, écrivait un contemporain, sont remplis d'espoir. Ils contemplent avec ravissement la chute prochaine des tyrans et l'avènement prochain de la République. »

Étienne Cabet, fait procureur général en Corse par Dupont de l'Eure, révoqué par Barthe, garde des sceaux très violent à l'endroit des journalistes, avait été élu député à Dijon. Il était le chef d'un groupe communiste, et il publia ses doctrines dans une feuille mensuelle, le *Populaire*.

Tout récemment, il avait passé en cour d'assises pour un écrit contenant vingt-trois passages incriminés, la *Révolution de 1830 et la situation présente*, expliquées et éclairées par les Révolutions de 1789, 92, 99, 1804 et par la Restauration.

Selon Cabet, la royauté du 7 août était instituée par une Charte usurpatrice et illégale, elle se maintenait par les moyens les plus honteux ; elle avait trahi la Révolution de Juillet, et la livrerait, si besoin était, aux puissances étrangères. Mais « la royauté devait être responsable, et la nation avait su punir Louis XVI. »

Après l'éloquente plaidoirie de Marie, son défenseur, déjà connu lors du procès des accusés de Juin, après un discours lu par l'accusé, le jury avait prononcé son acquittement.

L'avocat Marie a laissé une consultation qui a influé sur la question du serment politique, aboli en 1848 et en 1870. Cette consultation s'élevait contre le serment que le gouvernement prétendait imposer. Homme de manières simples et de mœurs douces, maître Marie n'appartenait pas encore au parti démocratique ; rien ne faisait prévoir qu'il serait un jour ministre, et qu'il professerait avec ardeur la foi républicaine, avec modération mais avec fermeté, qu'il pourrait servir de modèle aux jeunes démocrates de l'avenir.

Cabet prenait place parmi les révolutionnaires socialistes, et le *Populaire*, vendu sur la voie publique par vingt-quatre crieurs portant une blouse, un chapeau et une boîte tricolores, remuait fort les esprits, surtout dans les faubourgs.

En 1829, Louis Bellet avait fondé la *Silhouette, journal des Caricatures*, le premier recueil qui ait intercalé des vignettes sur bois dans son texte; le 1er décembre 1832, Charles Philipon, homme aimable, sympathique, fonda le *Charivari*, journal quotidien, dont chaque feuille était ornée d'une caricature lithographiée, et qui s'acharna contre le gouvernement de 1830, comme l'ancien *Figaro* s'était acharné contre celui de la Restauration.

L'apparition du *Charivari* eut lieu le lendemain du jour où le *Corsaire*, petite feuille légère, *Journal marron*, prévenu de provocation à la révolte, était acquitté par le jury.

Le *Charivari* jeta une note gaie dans le concert de la presse opposante.

Une caricature par jour! une caricature de mœurs ou politique!... Il fallut se bousculer, presque s'étouffer devant la boutique du marchand de gravures Aubert, située au coin de la rue du Bouloi et du passage Véro-Dodat. Petits et grands, hommes ou femmes, personne ne manquait de s'y arrêter, pour regarder en riant la satire dessinée, nouvellement éclose au cerveau d'un artiste habile.

Philipon en composait d'ordinaire les légendes; il inventait à tout instant quelque malice désopilante, et il ne tarda pas à se rendre célèbre en *chargeant* la figure du roi lui-même, — qu'il représenta sous la forme d'une poire molle.

Oh! la poire! quels éclats de rire elle excita! Ce qu'il y avait de pire, c'est qu'elle ressemblait au modèle, c'est que les philippistes les plus renforcés ne pouvaient garder leur sérieux devant elle, bien qu'ils condamnassent cette irrévérencieuse fantaisie de Philipon.

Elle faisait les délices des légitimistes. Lorsque, en 1848, un d'entre eux publia la *Révolution de juillet* 1830 *et le règne de Louis-Philippe I*^{er}, pot-pourri tragi-comique en six cents couplets, il orna son livre d'un « portrait de Sa Majesté », c'est-à-dire d'une poire, avec ces deux vers au-dessous :

> Il n'a pas voulu la réforme,
> Il est aujourd'hui réformé.

Philipon s'était avisé, dans la *Caricature*, de représenter le piédestal de la place de la Concorde, surmonté d'une poire. Au bas, on lisait : « Monument expia-poire ». Ce dessin le mena en cour d'assises, où il s'écria :

« Le parquet a vu là une provocation au meurtre ; ce serait tout au plus une provocation à la *marmelade*. »

Les jurés se mirent à rire sous cape, mais ils ne furent pas désarmés.

Le *Charivari* et son directeur eurent souvent maille à partir avec la justice. Ce journal vécut, pourtant ; il alla jusque dans les châteaux, où il va encore. Les « trois hommes d'État » du *Charivari*, Louis Desnoyers, Altaroche et Albert Clerc, amusèrent les partis anti-philippistes.

La *Caricature* était un recueil plus violent, plus implacable, d'entrain endiablé, auquel collaboraient Balzac, Alphonse Karr, Léon Gozlan, Théophile Gautier, Alexandre Dumas, Taxile Delord, et, qui le croirait? notre ami Emmanuel Gonzalès, l'excellent délégué actuel de la Société des gens de lettres. Gonzalès y écrivait sous la rubrique : *Les Grelots de Paris*. La *Caricature* fut tuée par le pouvoir. Elle est rarissime aujourd'hui.

Philipon a laissé des traces dans l'histoire du journalisme et de l'esprit français. On lui doit le *Journal pour rire*, devenu *Journal amusant*, le *Musée pour rire* et le *Musée anglo-français*. Il a fait époque.

XVII

Bientôt, le cabinet du 11 octobre 1833 (Soult, président, de Broglie, Guizot, Thiers, Barthe, Humann, d'Argout et de Rigny, ministres) proposa aux Chambres de réglementer le métier de crieur, de le soumettre à l'autorisation et à la surveillance de l'autorité municipale.

Mais lorsque l'administration, armée par une loi de février 1834, essaya de sévir utilement contre les crieurs publics, des troubles éclatèrent, par suite de cette atteinte à la liberté complète de la presse.

Des écrits clandestins circulèrent, par la même raison que les rigueurs contre les associations décuplèrent les sociétés secrètes.

Un mouvement social très développé coïncidait depuis plusieurs années avec le mouvement littéraire et politique, avec le néo-christianisme, dont Lamennais, Montalembert et Lacordaire se faisaient les champions, en arborant des drapeaux assez distincts.

Le comte de Saint-Simon avait formulé une doctrine suivant laquelle notre destinée est de produire par le travail, est circonscrite nécessairement par l'*utile*, a pour but l'*industrie*.

De là, une sorte d'aristocratie unique, formée des savants, des artistes et des producteurs de toute espèce. Association des travailleurs, afin d'atteindre le but commun, et proscription des *oisifs*.

Les sectateurs de cette école *industrialiste*, Aug. Comte, Olinde Rodrigues, Duveyrier, Michel Chevalier, Émile Barrault, Félicien David, les deux Péreire, Talabot, Enfantin, etc., s'appelaient *Saint-Simoniens*.

Après la mort de leur maître, ils voulurent passer de la théorie à la pratique et créer une hiérarchie sociale. L'homme et la femme devaient être absolument égaux. Réforme du mariage. Plus d'hérédité : on lui substituait une filiation conventionnelle. A chacun suivant sa capacité, à chaque capacité suivant ses œuvres.

Les disciples de Saint-Simon allèrent plus loin : ils créèrent un culte nouveau. Ils fondèrent un établissement dans une grande maison d'Enfantin, sur les hauteurs de Ménilmontant.

Le journal *le Globe* fut leur organe, et Félicien David composa leurs cantiques.

Ils envoyèrent des prédicateurs habiles dans les départements, mais sans succès.

Quelques faits d'immoralité leur ayant été imputés, ils durent comparaître devant la cour d'assises de la Seine.

Le 27 août 1832, les journaux nous apprirent qu'Enfantin, *Père suprême*, partirait de sa retraite avec ses *apôtres*, ses *fils* et ses *filles*, à huit heures du matin. L'itinéraire des accusés, du Père et de la Famille, était tracé d'avance.

Avec quelques jeunes amis, j'allai sur le Pont au Change, pour voir le cortège saint-simonien.

A la tête de ces accusés marchait Enfantin, d'une façon lente et compassée.

Nous nous moquâmes, je l'avoue, de leur petite toque de velours rouge, de leur barbe assez longue et très soignée, de l'écharpe blanche ou rouge qui flottait en larges plis sur leurs épaules, de leur petite redingote bleue fort évasée sur le devant, et laissant voir un gilet blanc mystique dont l'ouverture était cachée, la ceinture noire qui leur ceignait les reins, et leur pantalon blanc.

Leur costume rappelait l'habillement florentin au seizième siècle.

Enfantin, à la pose étudiée, avait l'écharpe

rouge; sur son gilet étaient écrits ces deux mots : *Le Père*. On eût pu le comparer à l'Arioste arrêté par des bandits, dans le tableau de Mauzaisse.

A l'audience, l'auditoire demeura assez froid, presque moqueur. Plusieurs dames saint-simoniennes, vêtues d'une tunique bleue, se tenaient derrière Enfantin ou en dehors de la barre.

Les accusés furent condamnés pour outrage à la morale publique, relativement « à la femme et aux rapports de l'homme et de la femme ».

Ils fermèrent leur établissement; quelques-uns émigrèrent en Orient, pour y propager la foi nouvelle. C'étaient notamment Barrault, Paulin Talabot, Enfantin, — et Félicien David, qui devait s'inspirer loin de la France, et nous revenir avec ses délicieuses mélodies du *Désert*.

Les saint-simoniens se dispersèrent. Que devinrent-ils, ces hommes dont nous avions ri, après lesquels une foule ignorante courait comme après des masques? La plupart, intelligences d'élite, firent un chemin brillant dans la politique, les sciences, l'industrie, la littérature et les arts. Leur retraite à Ménilmontant avait été une débauche d'imagination.

Paulin Talabot et Enfantin songèrent à établir entre les Indes et l'Europe une voie de communication directe. Ils demandèrent la concession du canal de Suez; mais les circonstances réservèrent à Ferdinand de Lesseps l'honneur de cette création.

Carnot avait cru devoir protester contre « l'organisation de l'adultère ». Comme lui protestèrent Bazard, Pierre Leroux, Jean Reynaud, Édouard Charton, et plusieurs autres saint-simoniens.

Enfantin, mort en mai 1864, a laissé des papiers de quelque importance, qui éclairciront peut-être certains points de l'histoire contemporaine. Ils ont été donnés à la Bibliothèque de l'Arsenal, mais ils ne pourront être communiqués au public avant l'année 1894.

Un cabinet entier renferme des manuscrits, des livres, des brochures, des caricatures se rapportant à Enfantin et aux saint-simoniens.

On y voit un bon nombre d'estampes satiriques, — notamment : *Le Père Fanfantin*, avec cette légende : *Pater noster*, qui est à Sainte-Pélagie, — les *Moines de Ménilmontant*, — et des pièces sur la femme libre.

Le Père était appelé *Bouffantin* dans les *Saint-Simoniens*, vaudeville joué au théâtre du Palais-Royal.

Une souscription s'ouvrit, après la fermeture de Ménilmontant, pour la fondation d'une Bibliothèque spéciale où l'on recueillerait et conserverait les archives de la doctrine saint-simonienne. Le capital devait s'élever à 150 000 francs, divisé en actions de 250 francs. Les souscripteurs affluèrent.

A l'instant où le Saint-Simonisme disparut, le Fouriérisme se produisit.

Autre pléiade d'esprits distingués qui, enrôlés sous la bannière de Charles Fourier, auteur de la *Théorie des quatre mouvements*, et d'autres ouvrages exposant un système social nouveau, collaborèrent au *Phalanstère*.

Ce journal, créé en 1832, propagea et défendit la doctrine qui consistait à détourner les passions des hommes vers un but utile à tous; à conduire l'individu au bonheur par le travail, rendu attrayant; à procurer un bien-être universel en associant les travailleurs pour former des *phalanges* avec des *groupes* et des *séries*.

Fourier, utopiste dévoué à l'amélioration du sort de tous, croyait que le travail ne pouvait porter des fruits qu'en étant unitaire, fait en société; et il divisait l'association en *capital*, *travail* et *talent*. Il concevait une civilisation *harmonienne*, supprimant la loi et la morale, et prenait le plaisir pour point d'appui.

D'abord, la politique demeura étrangère au fouriérisme, dont le succès fut restreint; puis, la publication du *Phalanstère* ayant été inter rompue en 1834 pour reparaître deux ans après, sous le titre de *La Phalange, journal de la science sociale,* dirigée par Victor Considérant, qui succédait au maître, le fouriérisme se mêla aux luttes des partis, sans jamais réussir à pratiquer ses théories, sans faire triompher son *mécanisme sociétaire.*

Victor Considérant a entrepris, depuis, de longues pérégrinations en France, en Belgique, au Texas. L'école sociétaire n'a plus guère de croyants, — si ce n'est son dernier chef lui-même, estimable vieillard de soixante-dix-sept ans, dont on aperçoit tous les soirs la mâle et douce figure, soit dans les rues avoisinant le Panthéon, soit au café Soufflet, ancienne renommée du quartier Latin, établissement dans lequel Gustave Planche a absorbé des myriades de petits verres.

A la *Phalange* succéda (1845) la *Démocratie pacifique,* journal quotidien politique. Considérant, Cantagrel et Alphonse Toussenel y professèrent une doctrine un peu attiédie du fouriérisme.

Cantagrel, aujourd'hui député, se lança entièrement dans la politique. Toussenel, qui vient de mourir, laisse un livre charmant, — *l'Esprit des Bêtes;* il a été un irrégulier du socialisme et de l'histoire naturelle.

Les doctrines de Saint-Simon, de Fourier et de Considérant amenèrent l'éclosion du socialisme, tel que Louis Blanc l'exposa bientôt dans l'*Organisation du travail*, et qu'il s'est présenté dans les différentes crises révolutionnaires que la génération de 1830 a traversées.

C'est le socialisme qui déclare la guerre à l'individualisme, qui donne à chacun selon ses besoins et non selon ses facultés, qui va jusqu'à l'égalité des salaires et s'insurge contre le capital.

L'*Organisation du travail* devait causer bien des agitations, donner naissance aux revendications les plus justes ou les plus excessives, en inculquant aux masses l'idée de mettre immédiatement en pratique les théories du progrès.

Peu de succès pour le Saint-Simonisme ; un peu plus de succès pour le Fouriérisme, qui végéta en se modifiant.

Quant à l'église de l'abbé Chatel, éclose en conséquence de la liberté religieuse, — il n'en faut guère parler que pour mémoire.

Prédicateur distingué, l'abbé Chatel avait fondé, quelques mois avant la révolution de Juillet, un journal destiné à soutenir le libéralisme des croyances, et intitulé *le Réformateur, ou Écho de la religion et du siècle*. Il faisait de l'opposition, pour rompre avec Rome; après les « glorieuses journées », il rompit, et s'installa novateur évangélique, en réunissant chez lui, dans la petite rue des Sept-Voies (aujourd'hui rue Valette), près du Panthéon, un certain nombre d'abbés mécontents, tout prêts à guerroyer, à former une Église française.

Chatel se posa en *Primat des Gaules*, et ses adeptes s'engagèrent à reconnaître « la loi naturelle, toute la loi naturelle, rien que la loi naturelle », à regarder Jésus-Christ comme « un homme prodigieux », à rejeter la confession, le jeûne et l'abstinence, et à dire la messe en français. L'église primatiale était située dans le faubourg Saint-Martin; elle avait des succursales dans divers quartiers de Paris.

J'ignore si la nouvelle Église compta beaucoup de fidèles; pour ma part, je n'en ai connu personnellement aucun. Une foule de gens ne voulaient déjà pas plus de la messe en français que de la messe en latin.

Depuis, plusieurs sectes, poursuivant à peu près le même but, n'ont pas réussi davantage. Sous ce rapport, la génération de 1830 n'a rien innové. L'abbé Auzou, schismatique vis-à-vis de Chatel, fonda une *Église apostolique*, et finit par « rétracter ses erreurs », en 1839.

Une physionomie curieuse, celle de Jean Journet,

fut engendrée par le Fouriérisme, et elle en fut la caricature.

Jean Journet se disait l'*Apôtre*, après avoir commencé par être carbonaro, après avoir exercé plusieurs métiers. Il prêchait la doctrine de l'auteur de la *Théorie des quatre mouvements*, mais les disciples du maître le traitaient de fou, parce qu'il voulait une propagande directe; parce qu'il recrutait des souscripteurs parmi les personnages en vue, et ressemblait à un frère quêteur; parce qu'il pondait une grande quantité de vers, les imprimait, les « plaçait » en déclarant que lui, Dieu et le genre humain étaient reconnaissants à l'égard de quiconque achetait cette poésie forte en pathos.

Sous la monarchie de Juillet, sous la république de 1848, sous le second Empire, même, l'apôtre Jean Journet promena dans Paris son costume étrange. Le quartier Latin l'a connu; les étudiants, à diverses époques, ont lu et « blagué » ses *Chants harmonieux*, ses *Cris et Soupirs*, ses *Cris de douleur*, son *Cri d'indignation*, son *Cri de délivrance*, son *Cri de détresse*.

Je l'ai rencontré dans nombre d'ateliers d'artistes, chez Louis Boulanger et chez Auguste Préault. Ce Fouriériste déclassé ennuya tour à tour, sinon concurremment, Victor Hugo, George Sand, Lamartine, Casimir Delavigne, le colonel

Bory de Saint-Vincent et Alexandre Dumas père, — une foule d'hommes de lettres, d'hommes d'Église, de savants, — et de bourgeois.

Partout l'Apôtre répandait ses œuvres, en disant : « Prenez, c'est le pain de vie ». Il voulait les vendre et, dans l'occasion, il les donnait. Bref, il se ruinait.

Jean Journet annonça ainsi, en 1858, le prix de *Les sept clameurs du désert, ou le Socialisme démasqué*. Prix distributif : pour les riches, 2 francs; les aisés, 1 franc; les gênés, 50 centimes !

Voici bien une autre exaltation, une autre folie religieuse, provenant du mouvement de 1830 :

Nous eûmes le *Mapah*, de son vrai nom Gaunau, plus qu'un apôtre, — un dieu !

Fils de chapelier, instruit, élégant, gracieusement fait de sa personne, boulevardier d'habitudes, joueur effréné, viveur accompli, Gaunau se transforma en divinité, s'appela *Celui qui fut Gaunau*, fonda l'*évadisme*, religion d'Ève et d'Adam, ayant pour principe l'androgynisme, et mit la femme sur la même ligne que l'homme.

Il portait la barbe longue, avait un chapeau de feutre gris, une blouse et des sabots.

Parmi les adeptes du Mapah figurèrent Félix Pyat, Théophile Thoré et Hetzel, mais pour peu de temps, — peut-être par amitié.

Son temple était un grand atelier de l'île Saint-Louis. Le prophète du dieu se nommait Caillaux, sculptait des bas-reliefs symbolisant l'androgynisme, et signait une brochure de *Celui qui fut Caillaux*.

Autour du grabat divin se réunissaient d'ordinaire les croyants au Mapah.

Celui qui fut Gaunau exerçait le métier de doreur-sculpteur. Il portait au cou, suspendue à une chaîne, une brosse à dorer. Par là, sans doute, il voulait rehausser aux yeux des masses les professions manuelles; ou bien, c'était une singularité de monomane.

Quoi qu'on en puisse penser, cette brosse ne paraissait pas un insigne très respectable.

« Savez-vous pourquoi le dieu porte toujours une brosse de doreur à son cou? disait un journaliste. — C'est parce qu'il veut être toujours adoré (*à dorer*). »

Survint un procès, pour cause de scandale religieux. Le dieu répondit à ses juges en singeant le Christ devant les siens.

Le Mapah agissait papalement, en quelque sorte; il écrivait à Grégoire XVI, avec lequel il espérait sans doute traiter de puissance à puissance. A plus forte raison prenait-il à partie l'archevêque de Paris.

Tout cela finit par la misère et la maladie. La

révolution de Février enleva à Gaunau tous ses disciples ; il ne resta au Mapah que le fidèle Caillaux, dont la main serra sa main mourante. L'immortel a expiré en 1851.

Inutile de dire qu'on n'a jamais pris au sérieux ni le dieu ni le prophète.

Les Templiers aussi ressuscitèrent, — comiquement, par réminiscence. Ils formaient une société, que la Restauration avait persécutée, mais qui, après 1830, triompha en même temps que les idées libérales. Parmi eux fut admis l'abbé Chatel.

On se figurait que l'ancien ordre du Temple existait toujours souterrainement. Ses affiliés s'en allaient, chaque année, rendre hommage à la mémoire de Jacques de Molay, brûlé sur le terre-plein du Pont-Neuf.

Soit qu'ils voulussent renouer la chaîne des temps pour l'ancien ordre du Temple, soit qu'ils continuassent tout simplement les mœurs légères des Templiers du dix-huitième siècle, ces associés, touchant la plupart à la franc-maçonnerie, acquirent la réputation de bons vivants, de buveurs émérites, et la caricature ne les épargna pas, ce qui les sauva d'un complet oubli.

XVIII

En fermant la liste des excentriques de l'époque, je rappelle ici les promenades de Chodruc-Duclos au Palais-Royal, de Chodruc-Duclos qui commença par être le *Superbe*, à cause de sa beauté et de sa bravoure, et qui finit par être le *Diogène moderne*, aux yeux de ses contemporains.

Depuis 1819 jusqu'à 1829, ce déguenillé volontaire « drapa sa gueuserie » en accusant l'injustice des hommes, ou plutôt, paraît-il, en narguant le ministre Peyronnet, son ancien ami, qui refusait de lui donner d'emblée un emploi de colonel.

Costume tout à fait extraordinaire : longue barbe, peu ou point peignée ; cheveux se perdant sous le collet de la redingote ; chapeau à fond affaissé, à bords contournés ; redingote et pantalon artistement déchirés, laissant voir en partie les coudes et les genoux; bottes réduites à une paire de semelles ressemblant à des cothurnes.

Quant au physique, — œil beau, nez aquilin, lèvres fortes. Les épaules étaient larges, les mollets saillants; mais le dos était voûté. Henri Monnier lithographia son portrait à la plume.

Chodruc-Duclos, l'homme à la longue barbe, errait sous les arcades du Palais-Royal, depuis deux heures de l'après-midi jusqu'à une heure du matin. Sa personnalité demeurait indéchiffrable, son but énigmatique; son cynisme était de convention. Il marchait sombre, silencieux, les mains derrière le dos, dédaigneux du passant curieux, jouant son rôle avec obstination, quelque chose qui arrivât autour de lui.

Le 28 juillet 1830, Chodruc-Duclos se promena comme d'habitude. Seulement, la révolution qui éclatait le vengea de Peyronnet; il affecta aussitôt une mise décente, — barbe lisse, chapeau convenable. Il continua de faire peur aux femmes et aux enfants, et les commerçants des galeries qu'il parcourait, subvinrent presque avec joie aux frais de son enterrement (octobre 1842).

Au Palais-Royal se trouvaient toutes les brochures mises en vente pour défendre les opinions opposées, politiques ou sociales, éditées dans ce lieu qui ressemblait un peu à la Samaritaine, surnommée la « Bibliothèque de la Fronde » en 1649.

On y voyait aussi des libelles provenant des diverses librairies situées autour de l'Odéon et dans plusieurs quartiers populeux.

Certains livres et brochures se vendaient « chez les libraires du Palais-Royal » lorsque leurs publicateurs ne voulaient pas se nommer.

Le plus connu des libraires du Palais-Royal était assurément Dentu, père de l'éditeur actuel, qui commença dans les galeries de bois.

Chez lui paraissaient les *récits* d'événements légitimistes ; chez lui, dès 1831, on s'abonnait, pour seize francs, à une suite de vingt-cinq plaquettes qu'imprimait la *Société pour publications de brochures.*

C'étaient : *Quelques observations* sur le procès des ministres ; *Encore un procès de presse* ; de la *Marche du gouvernement depuis le 7 août 1830;* et, notamment, une *Pétition aux Chambres* « sur les meilleurs moyens de mettre un terme aux complots insurrectionels organisés depuis le mois de juillet par les révolutionnaires avides de place, de sang et de rapine, et de préserver la société de nouvelles entreprises de la part des forçats libérés, surtout dans une grande cité telle que Paris. »

Des brochures publiées chez Dentu, quelques-unes se donnaient, par esprit de propagande ; une d'entre elles se vendit « au profit des blessés de la garde royale » ; plusieurs sortaient de l'*imprimerie de Dentu*.

Il va sans dire que si ce libraire *poussait* de de préférence les écrits légitimistes, il ne dédaignait pas de débiter, impartialement, des publications d'autre couleur. Sa clientèle était européenne ; sa maison d'édition a pris les proportions les plus vastes. Mais Édouard Dentu n'a pas gardé complètement la spécialité des brochures ; il a publié des milliers de romans, jusqu'au jour où il a été enlevé, jeune encore, à ses nombreux amis (13 avril 1884).

Corréard, un des rares survivants du radeau de la *Méduse*, acteur dans le poignant épisode que Géricault avait si supérieurement peint en 1819, s'était fait libraire dans une obscure boutique des galeries de bois, — *Au naufrage de la Méduse*. Il y avait vendu à profusion les brochures libérales, sous la Restauration. Mais, privé de son brevet en 1822, pour condamnation à propos de pamphlets édités par lui, il ne tenait plus de librairie ; il écrivait sur les arts, les sciences et l'industrie.

Chez Delaunay, chez Ledoyen, chez Levavasseur, même chez Barba, libraire spécial pour les pièces de théâtre, tout en éditant quelquefois d'autres ouvrages, par exemple un *Sermon de* l'abbé *Chatel*, les écrits philippistes, libéraux, voire démocratiques et sociaux avaient une large place.

Delaunay publiait l'*Absolutisme dévoilé*, le *Catéchisme du peuple*, etc. Ledoyen et Levavasseur étaient presque uniquement des vendeurs. Ce dernier, cependant, édita les *Rhapsodies* de Petrus Borel.

Les actualités, les questions brûlantes, les procès politiques, nous faisaient courir au Palais-Royal, et si nous n'achetions pas toutes les publications nouvelles, nous en lisions avidement les titres, afin de nous tenir au courant de la polémique générale, comme ces passants affamés qui respirent avec délices l'odeur de la cuisine des restaurants.

Nous avions l'espoir, souvent, d'acheter en secret une brochure saisie, fruit défendu et préféré. Combien de libraires ont spéculé sur d'apparentes persécutions policières!

Pendant une quinzaine de jours, un de mes amis chercha, sans pouvoir le rencontrer, le vingt-sixième numéro de la *Caricature*; « Arrêt de la Cour prévôtale, qui condamne Françoise Liberté, née à Paris en 1790, au cautionnement et à la flétrissure des lettres T R (timbre royal), pour crime de révolte dans les journées des 27, 28 et 29 juillet 1830. »

Une satire en vers, publiée dès 1831 par Altaroche, et intitulée : *La Chambre et les écoles*, ne tarda pas à être introuvable. *Un million, s'il vous plaît!* du même auteur, devait faire grand bruit, plus tard, contre la dotation du duc de Nemours.

A plus forte raison fallait-il multiplier les habiletés, les ruses, pour se procurer les factums des républicains, publiés « sous la couverture », ou les malicieuses élucubrations des légitimistes sur Louis-Philippe et sur la pendaison énigmatique du prince de Condé, ou sur les *bourreaux* de la duchesse de Berry, captive en la citadelle de Blaye.

Plus le gouvernement s'éloignait de la liberté, plus l'opinion publique la réclamait.

Lamennais, avec les *Paroles d'un croyant*, lança un coup de tonnerre qui eut un immense retentissement. Le prêtre philosophe, l'auteur de l'*Essai sur l'indifférence en matière de religion*, l'ultramontain avait collaboré au *Conservateur* avec Bonald, Chateaubriand et Villèle. L'écrivain qui avait naguère combattu la liberté au nom de l'autorité, l'esprit libéral au nom de l'absolutisme, le défenseur excessif de l'Église souveraine, le dictateur intolérant, celui qui, dans le journal *l'Avenir*, revendiquait la pleine et entière liberté de la religion, la totale séparation de l'Église et de l'État, la liberté d'enseignement, la liberté d'association, la liberté de la presse, — tout cela sans limite et sans restriction, — avait été désavoué, condamné par le pape, pour cause de révolte.

Lacordaire, Montalembert et de Coux, qui se se nommaient eux-mêmes « les trois maîtres d'école », avaient été obligés de fermer, en 1831, une école gratuite d'externes par eux ouverte sans autorisation.

Ils n'avaient pourtant pas suivi Lamennais dans sa lutte avec le Saint-Siège. Lamennais, non soumis à la décision papale, cherchait un point d'appui dans le peuple, et substituait l'autorité démocratique à l'autorité ecclésiastique d'une Église qu'il jugeait au-dessous de sa mission.

Alors il publia les *Paroles d'un croyant*, ouvrage qui était, selon La Fayette, « l'Apocalypse de 89 », et, selon d'autres adversaires, « l'Apocalypse du démon ». Ce livre jetait l'omnipotence politique et religieuse aux pieds de la démocratie.

Trente mille exemplaires s'enlevèrent en moins de trois jours. Les passions furent allumées. Quelques gens dirent de ce livre : « C'est Babeuf prêché par Isaïe » ; — « C'est 89 qui fait ses Pâques » ; — « C'est un club sous un clocher ».

Cette dernière expression avait été employée par Lamennais lui-même, pour caractériser le Saint-Simonisme.

Le camp des lutteurs, contre les répressions s'élargit de jour en jour, de telle sorte que les ministères successifs, pendant l'année 1834, ne se firent aucun scrupule d'entrer dans la voie absolument réactionnaire.

XIX

Cependant le mouvement d'idées qui entraînait une grande partie de la génération vers les choses de la science, de la littérature et de l'art, était quelque peu entravé par un sentiment égoïste qui s'emparait des classes bourgeoises, formant une aristocratie d'argent.

La bourgeoisie, même libérale, se figurait que la fortune était la base des améliorations.

Laffitte écrivait en 1824 : « J'ai toujours regardé le bien matériel comme moins problématique, comme le plus à notre portée, comme le moins traversé par les gouvernements; et j'ai toujours pensé que lorsque tous les autres nous étaient presque impossibles, il fallait nous replier sur celui-là. On ne peut donner la liberté à un pays : qu'on lui donne la fortune, qui le rendra bientôt plus éclairé, meilleur et libre. Les gouvernements l'accepteront toujours, par l'appât de la richesse, et seront bientôt surpris en voyant que tout développement des hommes, quel qu'il soit, conduit toujours à la liberté! »

Des politiciens voyaient dans l'argent un moyen de gouverner plus à l'aise, d'intéresser les riches aux intrigues de leur propre ambition, et avec eux de battre en brèche le libéralisme avancé, au lieu de lui préparer les voies du triomphe

« Enrichissez-vous », « chacun chez soi », conseillaient-ils, afin de créer une diversion à la politique; et, conséquemment, beaucoup de jeunes gens qui, suivant une vocation décidée pour l'étude, inclinaient vers les carrières donnant plus de gloire que de profit, se virent contrariés dans leurs goûts par leurs parents.

Cela s'est vu depuis un temps immémorial; mais, après 1830, cela se vit plus généralement que jamais. « Enrichissez-vous » devint une sorte de devise opposée au romantisme, à l'amour de l'art, au républicanisme militant. On ne songea qu'à faire fortune, et rapidement.

Après la mort de mon excellente mère, en 1833, mon père résolut de me placer, bon gré mal gré, dans une maison de commerce, aux *Deux Pierrots*, magasin de nouveautés situé au coin de la rue de la Huchette, en face du petit pont de l'Hôtel-Dieu.

Ce magasin qui n'existe plus appartenait à ma sœur et à mon beau-frère.

Il a été un enfer pour moi. A peine entré dans cet enfer, je me mis à rédiger un *journal* de tous les tourments que j'y éprouvais.

Auner du calicot! quel supplice, quand on a enfourché Pégase! Vivre au milieu de commis prosaïques, toujours prêts à se moquer de mes sentimentales jérémiades! En être réduit à se cacher derrière une pile de percalines pour faire des sonnets ou des élégies!

Ne pas rencontrer « d'âme qui vous comprenne », et mourir d'amour pour des demoiselles de magasin ne soupirant qu'après le dimanche, pour aller danser très cavalièrement, soit au Prado, soit à la Grande-Chaumière, soit à Mabille! Rêver d'art, de succès, de gloire, et se voir molester, traiter de *mousse* par des courtauds de boutique!

Ah! que de plaintes exprimées dans mon *journal*, que je ne puis relire aujourd'hui sans quelque émotion, tant il contient de phrases à la *Werther* et à la *Chatterton!*

Pour peu, j'aurais gémi comme un poitrinaire, à la manière de ces gaillards qui, la main sur leur cœur, affectaient d'attendre la mort avec résignation, mais se portaient à merveille.

Afin de savoir quand finirait le martyre, je

n'hésitai pas à aller consulter, un certain jour, la célèbre Mlle Lenormand, la devineresse qui avait eu l'honneur de dire la bonne aventure à Mirabeau, à Talma, à Napoléon Ier, à l'impératrice Joséphine, et à d'autres sommités en tous genres.

Ses consultations coûtaient cher, mais que n'aurais-je pas donné pour connaître l'avenir? Curiosité malsaine, à laquelle je cédai. Je me rendis chez Mlle Lenormand, logée somptueusement, rue de Tournon, 5.

Dès que la nécromancienne de haut parage m'aperçut, elle me regarda fixement, et me dit:

— Oh! oh! jeune homme, vous venez consulter la tireuse de cartes, vous dont le père est fabricant de cartes....

C'était vrai. Mon père fabriquait des cartes à jouer.

L'apostrophe de Mlle Lenormand produisit sur moi le plus grand effet. J'éprouvai comme un éblouissement.

— Elle devine admirablement bien, pensai-je.

Mlle Lenormand étala sur la table le jeu de cartes à l'aide desquelles tout mystère devait être dévoilé. Son air devint plus grave, plus majestueux.

— Jeune homme, reprit-elle, après avoir manié ses cartes d'une manière incompréhensible pour un profane, jeune homme, je sais votre vocation.... Persévérez dans vos travaux d'artiste, cultivez avec courage l'art si noble de la peinture, et vous ferez honneur, un jour, à votre illustre maître, à monsieur Ingres !

— Mademoiselle, croyez-vous? interrompis-je.

— J'en suis sûre.... Les cartes m'apprennent vos excellentes dispositions.... Vous dessinez bien, vous dessinerez mieux encore, après quelques études, et si vous persévérez, vous obtiendrez certainement le grand prix de Rome.

Ces paroles me pétrifièrent, dans un sens contraire à l'admiration que j'avais éprouvée d'abord, lors de mon entrée dans le salon de la cartomancienne.

Je ne m'avisai pas de la contredire; je payai la consultation, et me retirai.

Deux ou trois semaines s'écoulèrent. Tout me fut expliqué, le plus simplement du monde.

Mlle Lenormand achetait ses cartes chez mon père, — et elle m'avait vu dans la cour de la fabrique, plusieurs fois, jouant avec mon frère.

Voilà pourquoi elle avait si remarquablement *deviné* la profession paternelle.

En outre, elle avait appris de mon père qu'un de ses fils étudiait la peinture, et faisait partie des élèves fréquentant l'atelier de monsieur Ingres

Ici la devineresse s'était trompée. Elle m'avait prédit un sort qui pouvait devenir celui de mon frère, mais qui, assurément, ne pouvait être le mien, car je n'ai jamais su tenir un crayon ni un pinceau.

Je voulais tenir, et j'ai tenu une plume, à la bonne heure !

Sérieusement, le commerce n'était pas mon fait. Je n'y mordais pas, et je comptais parmi les employés les plus détestables.

Mes études, au collège, avaient été assez bonnes ; cependant elles n'avaient point dépassé la classe de troisième. Un camarade de pension, Félix Dumoustier de Frédilly, mort depuis étant directeur honoraire du commerce intérieur, voulut bien se dévouer pour l'achèvement de mon instruction.

Dumoustier de Frédilly me donna des leçons de rhétorique, et je me préparai même au baccalauréat ès lettres, en étudiant l'histoire, le grec et le latin, en piochant mon examen. Je travaillais couché sur un comptoir, la nuit, à la lumière fumeuse d'un quinquet.

Cette vie dura dix-huit mois, pendant lesquels je ne perdis ni mon ardeur romantique, ni les instincts qui me portaient vers la démocratie. Je me créai quelques amis, surtout en composant des « déclarations en vers » à l'usage de commis qui les copiaient, les signaient, et faisaient croire à leurs belles que la passion les leur avait inpirées.

Car, en ce temps, tout le monde se piquait de poésie, et déjà plus d'un commerçant était vraiment lettré, capable d'apprécier les productions de la haute littérature.

Le dimanche, après la fermeture du magasin, mon ami Rigot et moi nous dînions à trente-deux sous par tête, et nous allions au boulevard du Temple pour y chercher des émotions violentes.

Si la Gaîté jouait dix actes de drame seulement, nous nous rabattions sur l'Ambigu qui en jouait onze, et, au besoin, sur la Porte-Saint-Martin qui en jouait douze. Les heures de queue ne nous effrayaient pas, et nous oubliions de dîner lorsque nous avions la bonne fortune de pouvoir applaudir Frédérick-Lemaître, à qui nous donnions le nom de « Talma du boulevard », ou Mme Dorval interprétant, en compagnie de ce grand comédien, le mélodrame de *Trente ans, ou la vie d'un joueur*, demeuré typique au théâtre.

Autant de pris sur l'ennemi, me disais-je, à la fin de la soirée. Et le lendemain, en plaçant les serges à l'aide de longues perches, ou en bâtissant mes étalages, ou en servant les pratiques des *Deux Pierrots*, j'espérais des temps meilleurs.

Parfois, j'allais chez mon ami Augustin Savard, le savant harmoniste que j'ai perdu en 1881, et nous faisions un peu de musique vocale, nous déchiffrions quelques partitions de choix ; ou bien je me rendais chez mon autre ami, le compositeur François Bazin, l'auteur de *Maître Pathelin*, alors récemment arrivé de Marseille à Paris, et j'y entendais quelques virtuoses.

Parfois encore, je me faufilais dans l'atelier d'un peintre ou d'un sculpteur, de Louis Boulanger ou de Préault ; et là, je dévorais les théories artistiques dont ils n'étaient pas avares.

Les *mots* de Préault réussissaient plus que ses marbres.

« Préault, disait-on, a toujours une superbe statue dans le cerveau.... mais elle n'en sort jamais. »

Mon frère étudia la peinture, d'abord chez le classique Misbach, une curiosité de l'espèce, puis chez Rémond, le paysagiste académique, enfin chez le glorieux Ingres, une des plus grandes illustrations de l'époque.

Lui aussi, mon frère, était entravé dans sa vocation, d'après cette opinion « que les artistes meurent de faim ». Ses amis l'encourageaient.

« Eh bien, lui dit un jour Wachsmuth, soyez peintre comme Hersent » (commerçant).

Allusion à un peintre distingué, membre de l'Institut, à Hersent, dont les toiles gracieuses se vendaient cher aux riches amateurs.

XX

La fréquentation de quelques hommes de professions libérales entraînait d'ailleurs, autour de moi, un petit groupe de jeunes gens qui, entrés malgré eux dans le commerce, aspiraient à suivre une autre voie.

Ce n'est donc pas pour occuper les lecteurs de ma petite personne que j'insiste sur ce point; c'est pour leur donner une idée de ce qui se passait dans bon nombre de familles, en conséquence de la révolution littéraire, politique et artistique, accomplie depuis peu.

Dans le quartier Saint-Victor, parmi les amis et les voisins de mon père, on ne voyait que garçons condamnés à des métiers qui leur déplaisaient et résolus à secouer le joug aussitôt que l'occasion s'en présenterait, les uns pour renforcer le clan des néo-christianistes de Montalembert, les autres pour s'enrôler dans le bataillon des journalistes ; d'autres pour se vouer au « culte d'une des Muses » ; d'autres, enfin, pour aborder le théâtre, ce tentateur inéluctable.

Il nous arriva, par exemple, de jouer la comédie bourgeoise en petit comité.

Quelques acteurs et actrices, de dix à vingt ans, interprétaient de leur mieux des pièces enfantines, empruntées au répertoire de Comte, le ventriloque et le prestidigitateur; de Comte, dont les spectacles organisés dans une salle située au passage Choiseul (aujourd'hui les *Bouffes-Parisiens*) étaient annoncés, rappelons-le, par des affiches où on lisait :

> Par les mœurs, le bon goût modestement il brille,
> Et sans danger la mère y conduira sa fille.

La troupe de Comte a produit Hyacinthe, Charles Pérey, Colbrun, Aline Duval, Clarisse Miroy et Atala Beauchêne.

Notre théâtre était dressé dans le jardin d'un papetier de la Montagne-Sainte-Geneviève. Chez ce papetier, tous les commis visaient à d'autres destinées que celles de vendre des pains à cacheter, et la plupart composaient notre compagnie; chez ce papetier, le fils d'un cabaretier voisin faisait son apprentissage.

L'apprenti nous pria, nous supplia de l'admettre parmi les acteurs. Nous refusâmes impitoyablement; nous le déclarâmes indigne, sans avoir daigné, même, examiner ses mérites, sans le prendre comme figurant, ainsi que nous avions procédé à l'égard d'un autre garçon qui est devenu, par la suite, un lithographe très connu.

Les prières, les supplications de l'apprenti papetier ne nous touchaient point. Nous étions, je l'avoue, des vaniteux, des aristocrates, et, par surcroît, des imbéciles; car celui que nous avions repoussé persévéra dans sa vocation, s'adressa à d'autres comédiens de société qui s'empressèrent de l'accueillir. Il obtint du succès et ne tarda pas à débuter au théâtre du Mont-Parnasse, dans les *Brodequins de Louise*.

Aussitôt, les gens du métier lui prédirent un avenir brillant, et leur prédiction s'accomplit.

Nous avions refusé les services du jeune François-Louis Lesueur, qui hésita longtemps avant de se faire acteur de profession, pour ne pas déplaire à son père, mais dont la réputation d'excellent comique a sans cesse grandi, sur les scènes du Panthéon, de la Gaîté, du Cirque et du Gymnase-Dramatique.

Pendant vingt années tout Paris a applaudi Lesueur, mort à Bougival le 5 mai 1876. Le rôle de *Grinchu*, dans *Nos bons villageois* de Sardou, l'avait placé parmi les meilleurs sujets du Gymnase.

Quant à notre troupe de comédiens amateurs, voici ce qu'elle produisit :

Aucun de ses membres ne suivit la carrière qu'on lui avait imposée. Le père noble devint professeur d'harmonie au Conservatoire; le paysan et le jeune premier sont conservateurs dans une bibliothèque de l'État; le comique a acquis un vrai talent de graveur sur bois, il a collaboré à *l'Histoire des Peintres;* la ganache, enfin, a longtemps trôné dans une préfecture.

Beaucoup de temps perdu, des dépenses continuelles, de la prétention au talent, voilà ce qui résultait ordinairement de la passion pour la comédie bourgeoise.

Elle entretenait mes inclinations anti-commerciales, quoique je fusse assez médiocre acteur, en dépit des bravos que la claque me prodiguait.

Je venais d'achever une poésie intitulée :
FEMME ! *Beauté du corps, beauté de l'âme,* lorsqu'on me présenta à Émile Deschamps, qui écrivait alors ses remarquables *Études françaises et étrangères,* et une symphonie dramatique, *Roméo et Juliette,* pour son ami Hector Berlioz, compositeur très contesté de son vivant, qui eut besoin

de mourir pour devenir célèbre, pour prendre rang parmi les maîtres.

Émile Deschamps me reçut avec cette grâce et cette affabilité qu'il a conservées jusqu'aux derniers jours de sa vie; il accepta la dédicace de mes vers, et acheva de m'être agréable en me faisant connaître son frère Antony, traducteur de la *Divine Comédie* du Dante, et qui, plein de bienveillance, était alors en proie à une hypocondrie persistante.

Avec quelle joie je me trouvais en présence de deux membres du cénacle! Peut-être, par leur protection, j'aurais accès chez Victor Hugo! C'était beaucoup, déjà, que de pouvoir contempler deux séides du poète des *Orientales*.

Peu de jours après, mes vers étaient imprimés dans une toute petite revue de modes, dont le numéro justificatif me parvenait.

Je fus ébloui, en les relisant là, imprimés sur papier glacé, coquettement encadrés de vignettes. Éblouissement pardonnable, car je me trouvais au milieu de piles de calicot lorsque je reçus la revue.

Et le commis de nouveautés se transforma en homme de lettres!

A dater de ce moment, une idée fixe s'empara de mon cerveau : quitter le comptoir, jeter l'aune par-dessus les moulins, passer l'examen du baccalauréat, étudier le droit, et voguer à pleines voiles dans cet océan aux mirages trompeurs qu'on nomme la littérature, océan dont les tempêtes ont encore du charme.

Dans le même temps, plusieurs amis faisaient comme moi, quittaient le commerce, se livraient à la littérature, aux arts ou au professorat.

XXI

Après la disparition du triumvirat des professeurs en Sorbonne que j'ai signalée, Saint-Marc Girardin, suppléant en 1833, fut nommé, l'année suivante, titulaire de la chaire de poésie française.

Il remplit ses fonctions avec assez d'éclat, et l'on disait qu'il était le « plus brillant ouvrage de Villemain ». Mais il avait un libéralisme tiède; il parlait avec esprit, comme un causeur, sans passionner son auditoire.

La jeunesse aimait ses rapprochements entre les choses du passé et celles du présent, bien qu'il ne parût pas comprendre le vigoureux élan de l'école nouvelle, et qu'on pût le placer parmi les amusants rhéteurs. Sa cravate blanche, sa grande redingote « à la propriétaire », en castorine, et toujours boutonnée, lui donnaient l'air d'un notaire en négligé ou d'un officier en demi-solde.

Saint-Marc Girardin se mettait parfois en délicatesse avec son public. C'est lui qui, un jour, monta en chaire et s'aperçut que toutes les têtes, ou à peu près, restaient couvertes, afin de manifester un mécontentement général.

Au lieu de se déconcerter, le professeur s'assit lentement, jeta ses regards aux quatre coins du grand amphithéâtre, et ôta son chapeau d'une manière solennelle.

« Messieurs, dit-il, je vous demanderai la permission de me découvrir. »

On applaudit, on mit chapeau bas, et on cessa de maugréer.

Saint-Marc Girardin a professé, pendant près d'un quart de siècle, devant un nombreux auditoire. Il possédait les qualités de conférencier, ne restant pas étranger à la vie contemporaine, aimant l'actualité, saupoudrant ses discours d'anecdotes et d'allusions, n'atteignant jamais à la profondeur de ses prédécesseurs, mais posant les bases de ce qu'on n'allait pas tarder à appeler « l'École du bon sens », c'est-à-dire de la réaction romantique.

Rédacteur attitré du *Journal des Débats*, la feuille ondoyante par excellence, il ne sacrifiait rien à la passion et louvoyait entre les systèmes les plus divers dont il tirait des déductions piquantes, ou à propos desquels il prodiguait les fins aperçus.

La Sorbonne, avec lui, avait l'air d'un vaste salon. On y riait quelquefois!

Par contre, au Collège de France, depuis 1831, Lerminier, ancien saint-simonien, rédacteur du *Globe*, publiciste pour lequel une chaire des législations comparées avait été créée, remportait des triomphes oratoires, interprétait chaleureusement les préoccupations de l'époque. Ses leçons, reproduites par les journaux, se répandaient dans toute la France.

Les jeunes républicains étaient suspendus aux lèvres de ce professeur aux grandes phrases, ou plutôt, aux mots retentissants; qui parlait sans cesse de « liberté civilisatrice », de « constitutionnalité », de « progrès des lumières contemporaines », et qui, avec des poses superbes, avec des gestes fougueux, semblait être quelquefois sur le trépied.

Le Collège de France, avec lui, ne différait guère d'un club. On s'y bousculait quelquefois!

Saint-Marc Girardin et Lerminier, le second surtout, m'eurent bientôt pour auditeur.

Lorsque ma sœur, patronne des *Deux Pierrots*, m'envoyait en course chez quelque marchand en gros de la rue du Sentier, je fourrais dans ma poche un fort morceau de pain, et, si c'était l'heure d'un de ces cours suivis, je commençais par me diriger vers la Sorbonne ou vers le Collège de France ; puis je m'acquittais de ma commission, trop tardivement, ainsi que vous le pensez, de manière à m'attirer, au retour, les plus graves réprimandes :

« Voilà trois heures que vous êtes parti ! Qu'avez-vous fait ?

— Cela est impardonnable !

— La cliente a attendu vainement !

— Il n'est pas possible que cela continue !... »

A part moi, j'approuvais. On avait raison de m'adresser des reproches, et j'étais d'avis que les choses ne pouvaient durer.

Mes escapades se multiplièrent, à mesure que je me sentais plus préparé pour les épreuves du baccalauréat. Un moment vint, enfin, où l'incompatibilité d'humeur, entre les patrons et moi, se déclara à l'état aigu.

Je pris mon parti en brave, et je quittai brusquement le magasin des *Deux Pierrots*, en emportant un petit paquet de linge, à la façon de Jean-Jacques. J'embrassai ma sœur, qui essaya vainement de me retenir, et, suivant le proverbe, j'inspectai le pavé de Paris. Ouf ! je respirais.

Ce fut un événement considérable dans la famille. Les uns me blâmèrent ; les autres gardèrent une neutralité prudente; plusieurs excusèrent ma résolution.

Mon frère aîné, doux et dévoué, me donna asile; chez lui, je goûtai les premiers jours de liberté, tout en continuant mes études, la joie au cœur, l'espérance dans la tête, rempli de stoïques sentiments pour affronter les foudres paternelles.

Mais ces foudres redoutées n'éclatèrent point. Loin de là ; conseillé par un bon ange qui, pendant de longues années, devait avoir pour moi une affection presque maternelle, mon père vint me trouver soudainement, m'offrit de rentrer à la maison, et me promit de ne plus me parler jamais de cet affreux temps où j'avais réellement souffert.

Moins heureux que moi avait été, en 1833, Camille Bernay, l'auteur du *Ménestrel*, comédie en 5 actes et en vers, jouée au Théâtre-Français.

Bernay, clerc d'avoué, écrivit à son père une lettre dans laquelle il déclarait : « J'ai vingt ans : je veux être libre. » Il quitta la maison paternelle pour se livrer à la littérature, rima contre vent et marée, erra pendant deux ou trois jours dans les rues de Paris, couchant et mangeant où il plaisait à Dieu, dit son biographe Henry Trianon ; rentra sous le toit paternel qu'il quitta encore plusieurs fois, et lutta jusqu'en 1842, époque de sa mort.

Mon père tint la promesse qu'il m'avait faite. Pour lui plaire, je me mis en état d'être reçu bachelier ès lettres, je suivis les cours de l'école de Droit, et je devins avocat en même temps que mon camarade Armand Durantin ;—avocat sans cause, bien entendu, ne plaidant que dans les conférences, ces tournois judiciaires où le sort décide si l'on sera demandeur, défendeur ou ministère public.

Des conférences philosophiques et littéraires étaient fondées ou se fondaient, alors. C'étaient des écoles mutuelles d'art oratoire. On y traitait de tout et d'autres choses encore ; et la politique elle-même y avait des représentants.

Je fus admis dans une de ces conférences, qui tenait ses séances rue des Fossés-Saint-Jacques, et dont Lacordaire et Ozanam avaient été membres.

Là, je me trouvais en compagnie de Thouvenel, d'Alfred Maury, d'Armand Durantin, et de plusieurs apprentis avocats. Là, Thouvenel (depuis, ambassadeur et ministre) lut ses premiers travaux sur la navigation du Danube ; là, Alfred Maury (aujourd'hui, directeur des Archives nationales) lut ses premiers travaux d'archéologie ; là, je soutins, à la tribune, les doctrines romantiques, attaquées par quelques classiques de l'endroit.

On parlait beaucoup, dans la conférence de la rue des Fossés-Saint-Jacques, pour se faire la langue, permettez-moi l'expression. Plusieurs débuts de tribune y furent lamentables, par exemple celui d'un jeune étudiant en droit, qui, devant son public riant à gorge déployée, ne put prononcer que cette première phrase :

« Messieurs.... Gilbert était à la campagne.... »

Et il s'arrêta, pour reprendre :

« Messieurs.... Gilbert était à la campagne.... »

Et il s'arrêta de nouveau, pour reprendre :

« Messieurs.... Gilbert était à la campagne.... »

Après cette troisième tentative, l'orateur, éperdu, descendit de la tribune sans ajouter un mot.

Vous comprenez que l'auditoire ne lui ménagea pas les lazzis de toutes sortes. Pour nous, cet étudiant ne devait jamais être orateur.

Eh bien, l'avenir nous donna tort. Celui qui nous avait fait tant rire, est devenu un des bons avocats de l'époque. Il s'est joliment rattrapé de son début à la conférence, dans le courant de sa carrière judiciaire.... Un flux de paroles! un flux intarissable!

Tirez donc des horoscopes! Le temps et l'étude opèrent souvent des prodiges.

Les conférences du genre de la nôtre ont foisonné. Quelques-unes existent encore, et nous créent une foule de politiciens qui commencent par se croire des Thiers, des Berryer et des Gambetta.

Successivement, je fus orateur en herbe, clerc-amateur chez un avoué, — un des secrétaires de l'infortuné Bonjean, l'avocat à la cour de Cassation.

Puisque j'en suis à un chapitre de détails autobiographiques, permettez-moi de payer à la mémoire de Bonjean un juste tribut d'hommages.

Je travaillais dans son cabinet, lorsque l'occasion se présenta pour moi d'entrer dans une aubibliothèque publique, grâce à la protection du député Boissel, grâce à la bienveillance du ministre Salvandy.

Alors, je consultai le laborieux jurisconsulte qui connaissait mes goûts littéraires; je le consultai, car il était alors question aussi de prendre un titre d'avocat à la Cour de cassation, que l'on me proposait.

« Mon ami, me déclara l'auteur du *Traité des actions* et de l'*Encyclopédie des lois*, je ne vous crois pas suffisamment apte à la vie des affaires. Je le dis avec franchise. Moi-même, je regrette de n'avoir pas réussi dans le concours pour l'obtention d'une chaire à la Faculté de droit, parce que les études théoriques me souriaient beaucoup... Cédez à votre penchant. La fortune ne vous arrivera pas, mais votre existence sera calme, heureuse, indépendante. »

Je suivis ce conseil, dicté par l'intérêt que me portait Bonjean, et je fus attaché à la bibliothèque Sainte-Geneviève.

Cruelle chose que la destinée! à quoi tient-elle? Les événements la modifient sans la dominer.

Si Bonjean avait pu suivre sa première vocation, il n'eût sans doute pas sombré dans les agitations politiques, il se fût épargné bien des déboires, bien des inimitiés ; il vivrait encore! Je serrerais avec reconnaissance la main loyale d'un intrépide travailleur!

Lorsque j'entrai à la bibliothèque Sainte-Geneviève, Salvandy voulut bien me dire que, là, je pourrais me livrer à mes travaux littéraires et historiques ; que cet emploi était une sorte de retraite anticipée, à l'usage des hommes de lettres ; qu'une bibliothèque était un palais rempli de livres, desservi par des faiseurs de livres.

Il me sembla bon d'assurer ma vie, quand je voyais autour de moi des poètes de mérite s'éteindre dans la misère ou, ce qui est presque plus déplorable, écrire pour vivre des ouvrages de pacotille, perdant tout caractère sérieux.

J'accomplis ma tâche avec conscience ; j'avais

foi dans la quasi-inamovibilité de mon emploi.

Mais un décret impérial changea la situation des bibliothécaires. A dater de janvier 1854, ils furent soumis à la retenue comme les autres employés, conséquemment à une liquidation de retraite après trente années de service.

Aujourd'hui, donc, tout a changé. Quelques confrères et moi, nous sommes les derniers représentants de l'ancienne série des bibliothécaires; nous ne pouvons plus espérer de « mourir à notre poste », ainsi que nos devanciers, dont plusieurs ont laissé un nom glorieux dans la littérature.

La retraite, une retraite excessivement modeste, nous menace d'un jour à l'autre ! Peu s'en faut que les jeunes bibliographes ne crient : « Sus aux vieux hommes de lettres ! »

XXII

Tout en étudiant le droit, je m'intéressais vivement, irrésistiblement, aux choses de l'intelligence, et je prenais ma place, très modeste, dans le monde littéraire.

Je m'attachai à ne pas m'occuper de politique active, par conséquent à ne pas jouer un autre rôle que celui d'observateur dans le conflit incessant du gouvernement et de l'opposition. La politique active exige un tempérament particulier; une indépendance complète, qui manque aux employés du gouvernement.

De même que tous les littérateurs de cette époque, j'amoncelai vers sur vers, et je brûlai du désir de publier mon « volume de poésies », pour débuter, à l'exemple de nombreux amis dont les noms ont brillé depuis autour des noms de Lamartine, de Victor Hugo, d'Alfred de Musset, de Théophile Gautier et de Théodore de

Banville, le dernier venu dans la pléiade des romantiques de la première heure.

Heureusement pour le public, mon volume est resté inédit, enfoui par bribes dans des cartons, — à côté de drames en vers, de comédies injouées ou injouables, de plans d'ouvrages, en un mot de tous ces *vers* à la tête desquels se trouve chaque homme qui tient une plume. *Requiescant in pace!*

Le volume de vers a souvent précédé, dans cette génération, des travaux d'un genre tout différent. Plus d'un financier, plus d'un politicien, plus d'un économiste ont commencé poétiquement, avant de devenir millionnaires, en dehors de la littérature.

On a remarqué, en outre, que la plupart des écrivains contemporains se sont produits au public par des critiques sur les salons de peinture.

Guizot, Thiers, Théophile Gautier, et beaucoup d'autres depuis, ont écrit des feuilletons sur l'art.

Victor Schœlcher, aujourd'hui sénateur, faisait, en 1832 et 1833, des articles dogmatiques sur les expositions de peinture, et Roger de Beauvoir disait que c'étaient « des prédications pendant le saint temps de l'exposition ».

Théophile Thoré, démocrate comme Schœlcher, comme lui forcé de vivre à l'étranger après le coup d'État de décembre, ne tarda pas à se faire un nom dans l'*Artiste*.

Tous deux marièrent la politique avec la critique d'art.

En 1839, mon frère acquit de Charles Malo une revue intitulée : *La France littéraire*, qui ne tarda pas à arborer le drapeau de la nouvelle école, en art, en littérature, en sciences, et dont je fus un des plus jeunes collaborateurs, au milieu d'un cercle distingué. La *France littéraire* soutint les dernières batailles du romantisme. Généralement, ses rédacteurs étaient, se faisaient honneur d'être hugolâtres avec Eugène Pelletan, Arsène Houssaye, Alfred Michiels, Alphonse Esquiros et Auguste Vacquerie; avec Émile Deschamps aussi, né pour être académicien, et mort en avril 1871 sans l'avoir été.

Il ne m'appartient pas de faire l'éloge de ce recueil qui se fondit, en 1845, avec une autre revue; je puis cependant constater qu'il laissa des traces profondes, et que la plupart de ceux qui y travaillèrent ont fourni une carrière honorable.

La *France littéraire* publiait des dessins; elle rivalisait avec les revues de Buloz, et, de plus, avec l'*Artiste*, dont le premier numéro date du 6 février 1831. Comme annexe, elle avait des

Albums de salon; celui de 1840 était signé Jules Robert pour le texte.

Jules Robert était mon pseudonyme. Encore enfoncé dans la basoche, je n'osais pas mettre mon nom au bas de mes articles. La mode, d'ailleurs, et je devrais dire la manie des écrivains de l'époque, était de prendre un pseudonyme, le plus souvent bizarre de forme et fixant l'attention des lecteurs.

Depuis le bibliophile Jacob (Paul Lacroix) jusqu'à Timon (de Cormenin), la liste des pseudonymes ne finit pas ; elle se continue de nos jours, où l'on prend un nom de littérature, comme on prenait jadis un nom de guerre ou de théâtre.

Auguste Maquet s'est appelé Augustus Mac-Keat; Théophile Dondey s'est appelé Philothée O'Neddy. Honoré de Balzac signa ses premières productions de divers pseudonymes : lord Rhoone, H. de Saint-Aubin, Alfred Couvreux, etc. Victor Hugo, vers 1830, se cacha quelquefois sous le nom de Victor d'Auverney.

Nous lisions à la même époque des œuvres de Mérimée, qu'il publiait en s'enveloppant du voile du pseudonyme ; personne d'entre nous ne connaissait Henri Beyle, mais nous connaissions tous Stendhal, l'auteur de *le Rouge et le Noir*, et de *la Chartreuse de Parme*.

Beyle voulait cacher sa personnalité. Il était homme du monde plus qu'homme de lettres, et remplissait les fonctions de consul à Cività-Vecchia, sous Louis-Philippe.

A la fin d'un entretien qu'il eut avec le roi-citoyen, aux Tuileries, Louis-Philippe lui dit malignement, en le reconduisant :

« Monsieur Beyle, vous allez un peu à Civita-Vecchia, n'est-ce pas? »

C'était une allusion au consul écrivain, qui séjournait toujours à Rome, en dépit de ses devoirs diplomatiques, au milieu de la société aristocratique, artistique et littéraire.

Henry Beyle a écrit sous les noms de César Bombet, de baron Raisinet, de Polybe-Low-Tuff, etc. Il prenait des noms de fantaisie, même dans sa vie privée.

Au reste, il y avait des écrivains qui adoptaient sept ou huit pseudonymes; il y avait des peintres, des sculpteurs, des musiciens, qui ne gardaient pas leur nom véritable, — par caprice ou par spéculation. — Mon ami Emmanuel Gonzalès s'est appelé Caliban, Gomez, et Ramon Goméril.

Il y avait des gens qui donnaient tout au moins une forme latine ou grecque à leurs prénoms : *Petrus, Carolus, Aloysius*, au lieu de Pierre, de Charles et de Louis. Ces prénoms leur semblaient sonner mieux à l'oreille, sortir du terre-à-terre bourgeois.

Çà et là paraissaient quelques articles de moi, bien modestement, sans que j'eusse entrepris aucun livre d'une réelle importance.

Ma bonne étoile me conduisit chez un de ces collectionneurs émérites qui, sous la Restauration et le règne de Louis-Philippe, réunirent toutes sortes de curiosités relatives à la révolution de 89.

Pour collectionner, l'époque était bonne. On trouvait des perles dans du fumier : il ne s'agissait que d'avoir du flair, du goût et de la patience. Sauvageot, dont la collection a enrichi le Louvre, et Du Sommerard, créateur du délicieux musée de Cluny, ne possédaient pas, que je sache, une grande fortune.

J'ai connu, à Lille, M. Gentil-Descamps, non millionnaire, dont la demeure était pleine de bahuts, d'ustensiles de ménage, de sceaux historiques, etc., et dont la vie était remarquablement simple.

Aujourd'hui, il faut de l'impatience et de l'argent, pour collectionner.

Alors, les possesseurs d'objets curieux n'en soupçonnaient pas, généralement, la valeur, et, pour s'en défaire, ils n'exigeaient point de sommes folles.

Un bourgeois, un ouvrier, un paysan, se souciaient peu des choses que les connaisseurs regardaient comme des trouvailles. Tel cabinet, tel musée célèbre et telle bibliothèque d'un prix inestimable se formaient à la longue, sans onéreux sacrifices. Maintenant, la palme est aux princes et aux banquiers qui, le plus souvent, achètent des collections toutes faites, ou bien subventionnent des commis-voyageurs en bibelots. La curiosité est aux enchères; elle devient à la mode.

L'amateur en question plus haut habitait, dans la rue des Boulangers, une maison voisine de la nôtre.

Là, cinq ou six chambres contenaient une collection unique de livres, de brochures, d'estampes, de statuettes, de médailles, de costumes révolutionnaires.

Il me sembla, quand je la visitai, que les monuments se relevaient, que les hommes sortaient du tombeau et allaient parler, que les pamphlets recommençaient à circuler.

Le propriétaire de cette collection, M. Maurin, lieutenant-colonel du génie en retraite, avait ramassé les miettes de « l'orgie révolutionnaire », avait porté défi au temps. Il m'offrit de venir travailler chez lui, à toute heure, comme il me conviendrait, pour mettre en ordre ces matériaux

Il fit plus : il fut mon guide et me présenta à M. Laterrade, possesseur d'une magnifique collection de caricatures ; à M. Hennin, richissime en documents sur l'histoire de France. Il me ménagea mes entrées dans plusieurs cabinets spéciaux ; enfin il me mena à Versailles, chez M. Deschiens, dont la bibliothèque, n'ayant pas d'égale, a passé dans les galeries du comte Labédoyère, et de là dans la Bibliothèque nationale.

Je donnai plusieurs articles à la *France littéraire*, sous le nom de Jules Robert. Ils commençaient une *Histoire-Musée de la République française*, bientôt éditée sous le nom d'Augustin Challamel, chez Delloye, en 1842. Elle obtint un certain succès, sans doute parce qu'on y voyait rassemblés les estampes, costumes, médailles, caricatures et autographes les plus caractéristiques de la Révolution. L'ouvrage paraissait retracer les souvenirs d'un vieillard, plutôt qu'être le résultat des recherches d'un débutant.

Antoine de Latour, que j'avais eu pour professeur de sixième au collège Henri IV, et qui était devenu précepteur du duc de Montpensier, voulut faire agréer au roi mon *Histoire-Musée de la République française*, pour que les bibliothèques des châteaux l'achetassent. Il présenta un exemplaire à Louis-Philippe.

Ce prince « regarda les images ». Mais, à peine eut-il ouvert le livre que, par un fatal coup du hasard, il jeta les yeux sur deux caricatures sanglantes contre Philippe-Égalité, à propos des journées des 5 et 6 octobre 1789.

Il ferma aussitôt le volume avec colère, et dit à mon ami de Latour :

« Reprenez... En vérité, vous n'y pensez pas... Me recommander un pareil ouvrage ! »

L'*Histoire-Musée de la République* n'eut pas, au point de vue des souscriptions de l'État, un sort meilleur au ministère de l'instruction publique. En janvier 1848, Désiré Nisard, chef de la division des sciences et des lettres, souscrivit pour vingt-cinq exemplaires, que mon éditeur livra.

Le 24 février étant survenu, les vingt-cinq exemplaires ne furent pas acceptés par le nouveau ministre, et l'on dut les reprendre. Trouvait-on que le livre était réactionnaire, ou manquait-on d'argent pour l'acquérir ?

Quoi qu'il en soit, j'étais enchanté de cette publication, qui m'a fait recevoir membre de la Société des gens de lettres, et dont les illustrations *utiles* plaisaient aux amateurs des curiosités de l'histoire. J'annonçais, dans la préface, les *Mémoires de Jacques Bonhomme*, titre modifié, plus tard, en *Mémoires du peuple français*.

Émile Deschamps avait contribué à faire de moi un homme de lettres ; le lieutenant-colonel Maurin contribua à faire de moi un historien.

Émile Deschamps, en 1827, avait improvisé une complainte prophétique dans laquelle il annonçait tous les événements ultérieurs, même la Révolution de 1830.

Il avait fondé, en 1823, la *Muse française*, dont l'emblème consistait en une vignette d'Apollon, habillé en chevalier du moyen âge, avec cotte de mailles et surcot. Victor Hugo, tout jeune encore, Alexandre Soumet, Charles Nodier, Alfred de Vigny, Ulric Guttinguer, Jules de Rességuier, Alexandre Guiraud, Ancelot, etc., y collaboraient.

La *Muse française* combattait la vieille école et n'allait pas jusqu'aux audaces du romantisme déclaré.

Elle vécut près de deux ans, organe presque dévot et remarquablement monarchique.

XXIII

A dater de 1842, j'entrai de plus en plus dans la lice littéraire, je cherchai à élargir l'horizon, si longtemps borné pour moi. Plusieurs salons de poètes, plusieurs ateliers d'artistes me furent ouverts, et, malgré ma modique valeur, j'obtins les sympathies des maîtres de ce temps.

J'allai chez Victor Hugo! A quoi bon décrire son délicieux logis de la place Royale, où tous les hommes les plus en vue — même quelques classiques — se réunissaient le dimanche soir ?

Au milieu de cette famille dont tous les membres possédaient des grâces particulières, on se trouvait transporté dans le domaine de l'imagination. La belle Mme Hugo, ses deux filles charmantes, ses deux fils, qui nous savaient tant de gré de l'admiration que nous avions pour leur père, et tout le cercle d'amis qui se pressaient aux côtés de l'auteur de *Cromwell*, donnaient aux réunions un caractère à la fois familial et magistral.

Le buste de Victor Hugo, par David d'Angers, semblait, par ses lignes monumentales, nous indiquer prématurément que nous pouvions nous incliner avec enthousiasme devant un génie immortel, et les mille offrandes d'artistes contemporains faisaient de cette demeure, non exempte de simplicité au fond, une sorte de sanctuaire où chacun prenait volontiers l'encensoir.

Des gens que l'on voyait là, le plus grand nombre a été fauché par la mort en laissant de glorieux souvenirs.

Le baron Taylor, commissaire royal de la Comédie-Française, y recevait nos hommages pour avoir ouvert les portes du théâtre à Victor Hugo.

David d'Angers, qui chercha à fondre la forme et l'idée, qui essaya d'inaugurer ce qu'il appelait « de la sculpture morale », avait reçu de son homonyme, le peintre Louis David, des leçons d'art et de républicanisme. Pendant la Restauration, il était sans ressources à Londres, lorsqu'on lui offrit une forte somme pour exécuter un bas-relief de la bataille de Waterloo. Il refusa, vendit ses habits, revint en France. Son ciseau cherchait à faire revivre les héros ; il vouait à la Ré-

9.

volution de 1789 un véritable culte, et dans sa modeste maison de la rue d'Assas il conservait nombre de documents de cette époque.

Victor Hugo dédiait des vers à « son sculpteur », David d'Angers, comme il en dédiait à « son peintre », Louis Boulanger, qui illustra ses œuvres, et dont l'atelier fut parfois un rendez-vous des jeunes romantiques.

A l'apparition d'un volume de poésies signées de Victor Hugo, de Sainte-Beuve ou d'Alfred de Musset, on en faisait la lecture chez Louis Boulanger, pendant que l'artiste travaillait à une de ses toiles, notamment à son *Triomphe de Pétrarque*, « apothéose du génie », dit Gustave Planche, dont l'opinion différait singulièrement de Chateaubriand qui, en 1802, dans une lettre, appelait Laure « une bégueule » et Pétrarque « un bel-esprit », lesquels lui gâtaient la fontaine de Vaucluse.

C'était un immense tableau que ce *Triomphe de Pétrarque*. Je l'ai vu plus tard roulé dans un coin de l'atelier du peintre. Boulanger me demandait amèrement :

« Que voulez-vous que j'en fasse? »

Longtemps prôné outre mesure, — car Théophile Gautier donnait à ses *Trois amours poétiques* le nom de « Parnasse romantique », — Louis Boulanger commençait à être dédaigné plus que de raison, lorsque Decamps et Delacroix acquéraient une réputation immense.

Sainte-Beuve, auteur des *Poésies de Joseph Delorme*, livre à propos duquel une dame répondit ce mot : « Werther carabin », devait assez prochainement renier presque le cénacle de la place Royale. Ses *Consolations* étaient alors dans toutes les mains.

Sainte-Beuve, le même qui, depuis..., ne jurait alors que par Victor Hugo.

Mais, — il l'a dit lui-même, — « en passant par le monde de Victor Hugo, il avait eu l'air de s'y fondre, il avait fait ses réserves, » comme il les avait faites en passant par l'école doctrinaire du *Globe*, où dominait l'École normale; dont Barthélemy Saint-Hilaire était un des rédacteurs, avant de fonder le *Bon Sens*, avec Victor Rodde et Cauchois-Lemaire.

Sainte-Beuve cherchait toujours quelque grande âme à épouser; seulement, il savait ménager ses divorces autant qu'il s'enthousiasmait pour ses mariages littéraires et philosophiques. Il mit toutes ses variations sur le compte de ses désillusions.

En lui, on l'a justement remarqué, le poète mourut jeune, et fut tué par la critique.

De Victor Hugo il passa à Lamennais, à Carrel, puis à Proudhon, enfin à Napoléon III, en se montrant tour à tour mystique, républicain, socialiste, césarien, pour mourir libre penseur, comme il fut « libre mangeur », selon Veuillot, dans les dernières années de sa vie.

Son roman *Volupté* occupa beaucoup les esprits en 1834. Cette lutte entre la *chair* et l'*esprit*, avec accompagnement de tartines pathologiques, séduisait le public. On en a rabattu depuis.

Je me souviens du succès de scandale obtenu par Alfred de Musset, quand il publia les *Contes d'Espagne et d'Italie*. Nous chantions partout son *Andalouse*, mise en musique par Hippolyte Monpou, le compositeur léger du romantisme. Musset, lui aussi, ne tarda pas à faire route à part, à montrer une personnalité rayonnante, à rompre avec les principes du « maître », à déserter « la grande boutique... romantique » de la place Royale.

On écrivait que « l'aigle avait couvé un moineau franc »; mais l'originalité énervante, souvent superbe, de l'auteur de *Rolla*, résista aux attaques des hugolâtres exclusifs, et l'ancien disciple devint maître à son tour, pour exercer une influence quelquefois pernicieuse sur « les enfants du siècle ».

Avouons que les exagérés de la nouvelle école nuisaient à son entière victoire. Maladroits amis!

Je ne parle pas de Théophile Gautier, placé à

la tête des « chevelus », si remarquable par la science et la ciselure de son style, par la richesse de ses expressions, par le bon choix de ses néologismes.

Je rappelle seulement que plusieurs autres combattants pour le romantisme abusaient étrangement de la bizarrerie. Tel Belmontet, disant que les conventionnels étaient des « bronzes vivants de l'enfer »; tel Amédée Pommier, qui abondait en phrases comme celle-ci : « Flots rumoreux, rocs fluctisonnants, fleurs immarcessibles », et qui écrivait :

> ... Pour rendre mon vers plus sonnant et plus riche,
> Il n'est d'expression que ma main ne déniche.

Dans le salon de la place Royale, dont il serait trop long de pourtraicter tous les hôtes habituels, nous avons connu Delphine Gay (Mme E. de Girardin) qui, vers 1820, se disait *Muse de la Patrie*, qui vantait à bon escient « le bonheur d'être belle », et réunit longtemps autour d'elle une brillante cour de poètes et de romanciers.

Nous y avons rencontré Alexandre de Humboldt, l'illustre naturaliste allemand, l'ami des Cuvier, des Arago et des Gay-Lussac, savant dont la conversation était des plus intéressantes, et qui daigna me donner quelques conseils pour le plan de mes *Mémoires du peuple français*.

Un soir, une très nombreuse compagnie était réunie chez le maître des maîtres. Le charmant poète Méry se fit couvrir d'applaudissements en improvisant des vers sur le feu d'artifice que l'on tirait, pour l'anniversaire des « glorieuses », à la barrière du Trône. Ses hémistiches suivaient, avec une surprenante facilité, le bruit des bombes, le petit sifflement des fusées, le crépitement lumineux du bouquet final.

Esquiros venait là : son recueil poétique *Les Hirondelles* était apprécié par Victor Hugo ; sa douce voix, récitant des strophes, ne pouvait nous faire pressentir qu'il serait, en 1848, un déterminé montagnard.

Paul Meurice ne publiait rien encore, et Auguste Vacquerie composait ses poésies *L'Enfer de l'Esprit*, vigoureuses de pensée.

Tous deux étaient les lévites préférés du grand Maître, devant lequel, d'après les caricaturistes, ils tenaient incessamment l'encensoir, et dont ils ont été depuis comme les fils adoptifs.

Gérard de Nerval avait déjà, parmi les jeunes, une réputation de fantaisiste et de styliste ; sa traduction de *Faust*, que Goethe déclarait excellente, et dont les chœurs furent mis en musique par Berlioz, lui avait ouvert les revues, lui avait valu l'amitié d'Alexandre Dumas.

Gérard de Nerval était « l'honneur du collège Charlemagne », dont une foule de littérateurs ont usé les bancs, et qui se ressentait du voisinage de la maison de Victor Hugo. Les professeurs y étaient hugolâtres, les élèves aussi.

Edouard Thierry avait suivi avec succès les cours de ce collège, et il promettait de devenir le critique délicat et fin que nous connaissons.

De Beauchesne, romantique ardent, devait employer, plus tard, une partie de sa fortune à élever, auprès du Madrid du bois de Boulogne, un manoir gothique dont toute la jeune école fit grand bruit.

Ulric Guttinguer, un peu plus âgé que Lamartine, beaucoup plus âgé que Victor Hugo, fréquentait le cénacle, de même qu'il avait collaboré à la *Muse française*. C'était un des aînés du romantisme, à qui Victor Hugo dédia une ode, à qui Alfred de Musset disait en vers :

> Mais laisse-moi du moins regarder dans ton âme,
> Comme un enfant craintif se penche sur les eaux....
> Moi, si jeune....

Il eut l'amitié des poètes nouveaux, quoiqu'il approchât de la cinquantaine en 1830. Henri Delatouche le rudoyait, — en vers, — mais

Hugo, Sainte-Beuve et Musset l'estimaient hautement.

Ulric Guttinguer recevait affablement, dans sa maison de l'avenue Frochot. Il était un des familiers de l'historien Augustin Thierry.

Outre les « suivants familiers » de l'auteur d'*Hernani*, il existait des romantiques irréguliers, si je puis m'exprimer ainsi, des écrivains qui, comme Charles Nodier, Mérimée et J.-J. Ampère, savaient ne pas cesser d'être académiques, tout en s'associant aux efforts de la révolution littéraire.

Quelques personnalités d'ordre très élevé faisaient souche, en demeurant plus ou moins intimes avec Victor Hugo.

Lamartine avait un salon, de Vigny avait le sien, et Alexandre Dumas était un patron pour les romanciers et les dramaturges.

En son logis de l'Arsenal, Charles Nodier avait tenu une cour de peintres et de poètes; il avait reçu Lamartine, que Fontaney appelait « chantre mystérieux des intimes amours »; — Victor Hugo « par son génie emporté comme Mazeppa »; — de Vigny « le frère des anges, dont il a trahi les secrets »; — Sainte-Beuve, Alexandre Dumas et Alfred de Musset.

Pour ces jeunes littérateurs, Charles Nodier semblait avoir été un précurseur.

Le cénacle de l'Arsenal précéda celui de la place Royale; les *dimanches* de l'Arsenal furent très suivis jusqu'au moment où les *dimanches* de la place Royale leur enlevèrent une notable partie de leur personnel.

Dans l'impasse du Doyenné, qui n'existe plus, Théophile Gautier ouvrit un cénacle tapageur, où se voyaient les romantiques à crinière, parmi lesquels, exceptionnellement, apparaissait le silencieux Gérard de Nerval, qui, d'après Henri Heine, « était d'une candeur enfantine, d'une délicatesse de sensitive... aimait tout le monde et ne jalousait personne. »

Gérard de Nerval, vivant au jour le jour, était déjà connu des lettrés par ses poésies nationales et par sa traduction de Goethe.

On pourrait dire d'ailleurs que vers ce temps les cercles littéraires pullulaient. Pas de petit poète qui ne voulût réunir des prôneurs, afin de passer à l'état de « maître; » pas de réunion qui ne cherchât à posséder un organe, — journal ou revue; — pas de feuille périodique, si mince fût-elle, qui n'imprimât sa déclaration de foi classique ou romantique.

Viennet, Ancelot, Baour-Lormian et Hippolyte Rolle trouvaient des journaux, principalement le *Constitutionnel*, pour insérer leurs articles contre la nouvelle école, et des amis, défenseurs du

« bon goût », chez lesquels ils déblatéraient en chœur contre les « barbares. »

Un type étrange, parmi les producteurs de l'époque, c'était le vicomte d'Arlincourt. On peignit son portrait en pied et on l'exposa au Salon du Louvre.

Il se redressait debout sur un rocher, qui s'élevait au-dessus d'un précipice. Son œil fulgurait. Le vicomte tenait à la main des tablettes; à ses pieds un torrent roulait ses eaux troubles... Il méditait, calme et sublime, sur l'âpre majesté de la nature.

Écrivain hybride, tantôt ultra-romantique, tantôt classique renforcé, il composait des poèmes épiques, tels que la *Caroléide*, puis *Ismalie ou la Mort et l'Amour*, roman-poème, puis une foule d'épisodes historiques où fourmillaient les allusions contre la royauté de Louis-Philippe.

Car le vicomte d'Arlincourt était un passionné légitimiste.

En 1825 il donna, dans son château de Saint-Paër, en Normandie, une fête splendide à la duchesse de Berry.

Charmante résidence: au milieu des bosquets du parc serpentait une rivière. La duchesse fut reçue dans une barque pavoisée de drapeaux blancs et de fleurs, bariolée et parfumée. Des dames, en costume de bergères, la menèrent enchaînée de fleurs jusqu'à un temple grec où se trouvait son buste. Les assistants, en grand nombre, chantaient des romances royalistes. Ce fut une succession non interrompue de fêtes pastorales, de banquets, de bals et d'illuminations.

Le vicomte d'Arlincourt, après 1830, ne ménagea pas les visites aux Bourbons exilés. De son château de Saint-Paër, il data la plupart de ses romans, dont quelques-uns acquirent une certaine notoriété. Le *Solitaire*, très souvent réimprimé, partout traduit, devint populaire. Les lauriers des auteurs en renom empêchaient de dormir notre vicomte, qui obtint deux mémorables chutes sur la scène.

Son imagination était dévergondée, son style ampoulé au suprême degré; ses conceptions bizarres ne manquaient pourtant pas d'intérêt mélodramatique.

Lorsque j'allai lui rendre visite, avec Émile Deschamps, M. d'Arlincourt, le noble écrivain, me montra une bibliothèque spécialement remplie de ses œuvres, — réimpressions et traductions; il me parla de ses succès monstres.

Moi, je souris, sans répondre. On prétendait que l'auteur du *Siège de Paris*, tragédie légendaire, avait dépensé une partie de sa fortune pour se faire jouer, et que Mme d'Arlincourt, en épouse dévouée, achetait secrètement et détruisait une foule d'exemplaires des romans de son mari, pour les « épuiser ».

De là seraient venus les succès des *Écorcheurs* et des *Rebelles sous Charles V*, qu'ornaient des vignettes de Tony Johannot.

XXIV

A propos d'écrivains payant pour se placer au nombre des auteurs dramatiques, je citerai ce mot d'une femme à Mme Eugène Scribe :

« Il faut que M. Scribe soit bien riche, chère madame, pour faire représenter ainsi quatre ou cinq pièces chaque soir. Mon mari n'en a donné qu'une, et elle nous a coûté bien cher. »

Donc, assez souvent, on n'était pas joué sans débourser, sans donner une prime, au lieu d'en recevoir.

J'en fis l'épreuve, au début de ma carrière littéraire. Avant de m'en tenir à l'histoire, je visai au théâtre, comme beaucoup d'autres camarades; mais je n'ai pas rimé la moindre petite tragédie, si j'ai fort pratiqué les drames.

Permettez-moi de vous offrir le catalogue des pièces que j'écrivis, à peine au sortir du collège :

La Reine Édith, drame en cinq actes, en vers;

Le Comte Armand, drame en cinq actes, en vers;

La Béguine de Nivelle, drame en cinq actes, en vers;

Marceline, drame en cinq actes, en prose.

La Dame d'Étampes, drame en cinq actes, en vers.

J'en passe... et des plus mauvaises; je vous fais grâce des œuvres dramatiques par moi commises depuis l'époque où la *Dame d'Étampes* fut présentée à l'Odéon, lue par mon ami Édouard Thierry, reçue avec acclamations par le comité, et bientôt mise en répétition. Elle avait pour interprètes Louis Monrose, Bignon, Barré, Pierson, Mme Halley, qui avait créé le rôle de Tullie dans la *Lucrèce* de Ponsard, et Mlle Volet, charmante jeune première dudit théâtre.

Dans ma joie, durant les répétitions, je ne quittais plus les acteurs, j'allais avec eux chez la mère Cadet, rue de la Gaîté, à la barrière du Mont-Parnasse, manger le lapin sauté et boire le petit vin bleu, entre mes heures ordinaires de repas. J'attrapais des indigestions, mais je vivais un peu de la vie du théâtre et je rêvais déjà les applaudissements du parterre.

L'Odéon m'apparaissait comme une terre promise, et je ne manquais pas une représentation, — pas un souper d'artistes, non plus.

Ceux qui ont mené cette existence comprendront l'entraînement qu'éprouva un ancien *calicot* près d'arriver à la gloire, caressant le doux espoir d'entendre proclamer son nom au milieu des bravos.

Loin de moi la pensée de compter sur les recettes! Est-ce que la question d'argent me préoccupait! Mes amis me félicitaient déjà. Louis Monrose avait lu la *Dame d'Étampes* dans une réunion d'artistes et d'hommes de lettres, — dans un cénacle qui me prônait, qui m'était dévoué, qui se promettait de me *soutenir* lors de la première représentation.

S'il le fallait, disaient quelques-uns, on livrerait bataille. J'en sortirais triomphant. Plusieurs journalistes annonçaient la nouvelle pièce. Enfin, je nageais dans la pleine eau des illusions, — au point de faire cadeau d'une canne de palmier à Louis Monrose, ardent collectionneur de cannes.

Lireux était alors directeur de l'Odéon. Tout allait convenablement pour mon drame; les acteurs avaient répété une vingtaine de fois; Bignon était ravi de son rôle, et Mme Halley comptait sur l'effet du sien, lorsque Lireux me donna rendez-vous dans son cabinet, et me déclara :

« Mon cher, votre pièce est superbe (je cite textuellement)... Il y aura un succès... Seulement, des difficultés surviennent... L'argent me manque pour les décors et pour les costumes, car l'action se passe sous le règne de Henri II, et il faut tout acheter... Six mille francs suffiraient...

— Six mille francs! m'écriai-je. Où trouver six mille francs, mon Dieu?

— Demandez à monsieur votre père... qui est rentier.

Je répondis que mon père, peu disposé à favoriser mes tentatives littéraires, refuserait net; que, moi, je n'avais pas un sou vaillant; que, d'ailleurs, la *Dame d'Étampes* était une pièce bonne ou mauvaise; que si elle était mauvaise, le comité n'eût pas dû la recevoir; que si elle était bonne, la direction devait la représenter sans exiger de ma part un sacrifice d'argent, etc., etc.

Bref, je fis la sourde oreille. Eussé-je manié des millions, il me semblait que ma propre dignité s'opposait à un pareil marché.

Immédiatement, les répétitions cessèrent, pour une cause ou pour une autre.

Quelques mois après, Lireux cessa de diriger l'Odéon, et il fut remplacé par Bocage, d'acteur devenu directeur.

La *Dame d'Étampes* dormait profondément dans les cartons.

Bocage m'appela, lui aussi, dans son cabinet, où il trônait comme un ministre.

« Jeune homme, me dit-il en nazillant, votre drame a des qualités, mais vous pouvez faire mieux... Prenez un autre sujet, un sujet moderne, et remplacez la *Dame d'Étampes.* »

Cette phrase m'anéantit. Toutefois, au lieu de retirer ma pièce, je préférai me soumettre à une nouvelle lecture devant le comité institué par Bocage, et ressaisir ainsi mon droit à être joué.

Mal m'en prit. Peu de temps après, un monsieur qui était chargé de lire préalablement les pièces présentées à l'Odéon, conclut à ceci :

« La *Dame d'Étampes,* par M. Augustin Challamel, n'est pas digne d'être lue devant le comité. »

Coup de foudre ! Je jurai de ne plus perdre mon temps à écrire pour le théâtre. J'avais été suffisamment *joué !*

Mais ce fut un serment d'ivrogne. Sans parler de quelques pièces qui parurent devant le public, je devins encore coupable d'une comédie en deux actes, en vers, et d'un drame en cinq actes, en vers, lesquels ont jauni dans mes cartons, au lieu de pourrir dans ceux d'un directeur.

En outre, contrairement à ce qui a lieu souvent, après avoir composé un drame en cinq actes, en vers, intitulé *Isabelle Farnèse,* je transformai la pièce en roman ; — et je trouvai un éditeur! L'ours changea de peau : on ne l'accueillit pas trop mal.

Quelle différence, pourtant, si l'on songe que j'avais ambitieusement destiné le rôle d'Isabelle à Mlle Georges, et que, avec une pareille interprète, aussi belle dans le drame que dans la tragédie, j'eusse peut-être attrapé un succès au théâtre!

L'usage de payer pour être joué n'a pas disparu. Sous prétexte de costumes et de décors nouveaux, combien de directeurs ont arraché de grosses sommes aux auteurs!

Frédérick-Lemaître, voyant le marquis de Custine sortir du cabinet d'Harel, à la Porte-Saint-Martin, dit spirituellement au spirituel directeur :

« Il a encore sa montre! »

Frédérick-Lemaître, le plus grand interprète du drame moderne, acquit une sorte de célébrité pour ses mots et ses audaces. Il avait naguère appartenu quelque temps aux Funambules ; mais, dans un concours, à l'effet d'entrer à l'Odéon, il n'avait obtenu qu'une seule voix, celle de Talma.

Nul plus que lui ne possédait le tempérament des planches, la spontanéité dont l'acteur est trop souvent dépourvu.

En 1834, à la première représentation de *Robert-Macaire*, joué sur la scène des Folies-Dramatiques le 14 juin, Frédérick-Lemaître annonça :

« Messieurs, la *plaisanterie*, que nous venons d'avoir l'honneur de représenter devant vous.... »

Ici l'on siffla.

« Messieurs, reprit-il alors, cette *chose*, comme vous voudrez l'appeler, est de M. Frédérick-Lemaître. »

On applaudit à outrance, et la *chose* triompha au point de créer un type qui nuisit à Frédérick-Lemaître, entré « dans la peau de Macaire ».

Sous la direction d'Harel, le théâtre de la Porte-Saint-Martin ne florissait pas ; mais il s'y trouvait un magasin de costumes assez bien fourni, capable d'habiller tous les personnages historiques.

Sous la direction de Lireux, l'Odéon manquait... de tout, — de décors, de costumes et d'accessoires. Chaque pièce exigeait des dépenses toutes spéciales, et, à moins qu'un auteur n'abordât la scène après une grande agitation organisée dans la presse, Lireux n'osait se risquer. La proposition que me fit ce directeur ne doit donc étonner personne. Lireux avait droit aux circonstances atténuantes. Pauvreté n'est pas vice. Puis, je n'avais pas de notoriété.

Spectateurs assidus, tantôt dans la salle, tantôt au foyer des auteurs, tantôt dans les coulisses, nous connaissions l'indigence du Second Théâtre-Français, avant la *Lucrèce* de Ponsard.

On en racontait de belles sur les expédients de l'administration, sur l'état délabré de la caisse!

Pour faire croire que le poêle du foyer public était allumé, le feutier, disait-on, s'avisa un soir d'y placer une bougie. Notre ami Bignon joua, un dimanche, le rôle de Gilbert dans *Marie Tudor*, et, comme il n'y avait pas, au magasin, de souliers à la poulaine qu'il pût chausser, nous lui en fabriquâmes avec des cornets de papier noirci d'encre. Le vieux Rosambeau, acteur d'un certain talent, presque aussi célèbre que Frédérick-Lemaître pour ses mots à citer, était de plus renommé pour ses inventions en fait de costumes; il s'accoutrait de son mieux avec des pièces et des morceaux; il était de force à teindre une jambe de caleçon en rouge, l'autre en noir, pour jouer un rôle moyen âge.

Afin d'obtenir une quasi-recette, les dimanches, Lireux imaginait soudainement de représenter quelque vieille tragédie, de ressusciter une pièce oubliée.

« Messieurs, déclarait-il un vendredi, par exemple, on jouera dimanche *Abufar* ou *la Famille arabe* (de Ducis.) »

Quelques familles bourgeoises du quartier venaient voir la représentation d'*Abufar*; et elles assistaient à d'autres résurrections de pièces tout à fait démodées. La caisse, ces soirs-là, s'engraissait de deux ou trois cents francs, — en compensation des recettes de cinquante ou soixante francs, les soirs de semaine.

Lorsque Lireux avait monté une œuvre en dépensant une somme ronde, et qu'il récoltait un *fiasco*, il ne perdait pas courage, il riait spirituellement de sa male chance; mais gare au jeune qui voulait se produire en ce moment!

Un auteur dont je ne me rappelle plus le nom, commit un drame inepte. Aucun succès; trois représentations. Le malheureux se plaignit à Lireux en plein foyer.

« Eh bien, lui dit le directeur, je vous jouerai encore une fois... Ce sera votre châtiment. »

Le mot excita parmi nous des éclats de rire. D'aucuns prétendaient que l'auteur sifflé avait payé pour affronter la rampe et obtenir ce beau résultat.

10.

XXV

Continuons l'historique des groupes littéraires, suivant leurs chefs de file, pratiquant l'adoraration.

Dans le salon de Lamartine, on encensait le poète lyrique à grands sentiments, d'une éducation ultra-distinguée, tout plein de religiosité mondaine, et la plus aristocratique société de Paris fréquentait l'auteur des *Méditations* et du *Dernier Chant de Childe-Harold*.

Depuis 1830, Lamartine donnait à la poésie une rivale, — la politique. Élu député, il ne prit pas une attitude d'homme de parti; à la tribune, il se tint dans les régions éthérées. L'astronome Arago disait de lui : « C'est une comète dont on n'a pas encore calculé l'orbite. »

Mais il descendait quelquefois de son piédestal, pour suivre ses idées généreuses. On retrouvait souvent en lui l'homme qui s'était battu en duel avec le colonel italien Pepe, pour cause de vers satiriques, et qui avait déclaré ensuite n'avoir voulu offenser personne.

Je ne fus admis qu'une fois à l'honneur de lui faire ma cour, seulement lorsque Paul de Saint-Victor, encore non connu, était le secrétaire, en même temps que le thuriféraire attitré de Lamartine, et répétait avec complaisance, pour les invités nouveaux, les moindres mots du poète, en les soulignant de la manière la plus laudative.

Ce salon était pour un tiers lyrique, pour un tiers élégiaque, et pour un tiers politique.

Quand Lamartine commença à se lancer, avec les ailes d'Icare, dans l'inconnu des systèmes, les journaux de l'opposition renvoyèrent ce conservateur progressiste à sa *lyre*, à sa *barque sur le lac*, et à son *Elvire* platoniquement adorée.

Peu à peu, s'éloignant « du parti des bornes », il provoqua, dans des discours admirables, la « révolution du mépris » contre la politique de Guizot. Lamartine jetait le gant aux rétrogades, se faisait homme d'action.

Même après *Jocelyn*, idylle développée jusqu'aux proportions du poème, sa poésie se démodait aux yeux de la jeunesse, qui préférait Alfred de Musset ; par contre, les accents lyriques de son éloquence lui valaient de nombreux applaudissements, même avant l'apparition de son *Histoire des Girondins,* parsemée de pages très révolutionnaires.

Au demeurant, député grand seigneur, comme il l'était, poète, Lamartine faisait princièrement les choses, pour les autres et pour lui.

Il lui arriva de rencontrer, à Dijon, un ami assez riche et de lui emprunter dix mille francs. L'ami n'hésita pas à prêter. Trois jours après, en passant à Mâcon, le prêteur ne vit pas sans étonnement une affiche, sur tous les murs placardée, annonçant que le représentant de Mâcon avait donné dix mille francs pour les indigents de la ville.

Le salon de Lamartine avait quelque chose de solennel et de cosmopolite. Plusieurs étrangers, des diplomates que le poète avait connus pendant son magnifique *voyage en Orient,* lui venaient rendre visite et hommage.

Peu s'en fallait qu'on n'y cherchât des yeux lady Stanhope, nièce de W. Pitt, cette espèce de reine de Palmyre échouée dans un vieux couvent près de Saïd, où les Bédouins la regardaient comme sorcière et prophétesse.

Lady Stanhope avait prédit à Lamartine de très hautes destinées, en lui demandant son nom, qu'elle avouait n'avoir jamais entendu prononcer.

O néant de la gloire! ô mortification cruelle!

A peine savait-on si le comte Alfred de Vigny recevait quelquefois. Sainte-Beuve a dit, en le comparant à Hugo,

> Vigny, plus discret,
> Comme en sa tour d'ivoire avant midi rentrait.

Mais, en 1836, quelques mois après la représentation du drame de *Chatterton*, le comte Alfred de Vigny reçut un assez grand nombre d'hommes de lettres.

J'avais *claqué* fort, au Théâtre-Français, en faveur de la Dorval remplissant le rôle de Kitty-Bell; j'avais contribué à exalter la fameuse « scène de l'escalier », et quatorze fois, avec des amis fanatiques de l'auteur, j'avais bruyamment signalé ma présence dans la salle.

En récompense, Pitre-Chevalier, qui venait de publier son volume de vers, — *Les Jeunes Filles, mystères,* — m'introduisit auprès d'Alfred de Vigny, dont la Dorval était devenue l'idole, et dont la reconnaissance se changea en passion.

Les réunions du comte avaient lieu alors le mercredi, si je ne me trompe.

Sans chercher à savoir pourquoi une certaine froideur existait entre le chantre de la Vierge-archange *Eloa* et le poète des sensuelles *Orientales*, j'évitais, comme beaucoup d'autres jeunes rimeurs, de dire chez de Vigny que j'allais chez

Victor Hugo, et chez Victor Hugo que j'allais chez de Vigny, où l'on professait un romantisme moins coloré qu'à la place Royale.

Je me ménageais ainsi deux plaisirs différents, presque également recherchés.

Dans le salon du comte de Vigny, ancien mousquetaire rouge de Louis XVIII, se coudoyaient Gustave Planche, Sainte-Beuve, Hippolyte Étiennez, et Emile Péhant, auteur d'un recueil de *Sonnets*, qu'il appelait « poèmes-colibris ».

Péhant, pauvre à l'excès, se plaignait amèrement de son sort et disait à ses amis, dans un sonnet typique :

> …. Si vous voyez ma figure si hâve,
> Ma lèvre si livide et mon regard si cave,
> C'est que voilà deux jours que je n'ai pas mangé !

Fréquenter Émile Péhant, cela n'encourageait pas à cultiver la Muse, si l'on n'avait pas l'âme chevillée dans le corps ; mais, pour celui qui se sentait une forte vocation littéraire, cela faisait surmonter bien des peines, non comparables à celles du sonniste qui écrivait le *Cimetière*, poèmes restés inédits, à inspirations douloureuses.

Je le répète, dans le salon du comte de Vigny, le coloris manquait ; la lyre était peu sonore, et les hôtes ordinaires de l'endroit semblaient aller et venir au clair de lune. On y trouvait de la bonne et noble compagnie, conversant avec un calme presque austère, luttant sans trop d'énergie pour défendre la littérature nouvelle, vivant en parfaite intelligence avec les déserteurs du camp hugolâtre, attendant peut-être un deuxième Casimir Delavigne, moins voltairien et philippiste que le premier, plus jeune, plus accommodant avec la forme moderne.

Selon nous, la tragédie était morte et enterrée ; mais, aux yeux de quelques tièdes novateurs, elle se trouvait seulement dans un sommeil léthargique. Les Lemercier, les Arnault, les Guiraud, les Soumet, avaient encore des émules ou des imitateurs ; Liadières, Viennet et Ancelot chaussaient le cothurne tragique, en dépit de nos moqueries. D'autres, restés à peu près inconnus, défendaient le vieux moule du théâtre, les anciennes doctrines, et travaillaient en vue du tragédien Ligier, qui leur faisait pourtant des infidélités fréquentes, en faveur du drame.

De 1829 à 1856, Pierre Dalban, de Grenoble, — *horresco referens*, — publia une vingtaine de tragédies grecques et romaines. Cet homme convaincu, de tempérament classique, lutta contre le romantisme, même vainqueur. Ce tragique fossile, curieux dans son espèce, dépassa Liadières en entêtements et en banalités.

Nageant entre deux eaux, Alexandre Soumet

obtint un succès avec *Une Fête de Néron*, tragédie à laquelle Belmontet collabora. Soumet, qui avait figuré des premiers dans le camp des romantiques, ne pouvait se dégager entièrement des liens qui l'attachaient à l'ancienne école. « Il était, a dit Édouard Fournier, en avant de ses aînés, mais plus en arrière encore de ses cadets. » Il succomba victime de sa situation indécise.

Les hôtes du comte de Vigny, sans vivre en mauvaise intelligence avec quelques tragiques, ne se contentaient pas des nouveautés que ceux-ci introduisaient dans leur forme. Ils guettaient l'occasion d'opposer à Victor Hugo, auteur dramatique, un homme nouveau capable d'opérer une réaction au théâtre.

Ce Messie arriva un jour, sous les traits de Francis Ponsard, avec Achille Ricourt, ancien fondateur de l'*Artiste*, pour prophète, avec Auguste Lireux, le directeur de l'Odéon, pour ministre du culte.

Une traduction en vers du *Manfred* de lord Byron, parue en 1837, n'avait produit aucun effet. Mais Ponsard pensait qu'il serait « beau qu'un poète surgît qui corrigeât Shakespeare par Racine, et qui complétât Racine par Shakespeare. » Il déclarait que « la littérature, longtemps oscillante, se reposerait dans les bienfaits de l'éclectisme. »

Comprenant peut-être que le succès de la tragédienne Rachel aidait à la réaction rêvée par nombre de gens, et que le moment était propice pour écrire une tragédie, Ponsard composa *Lucrèce*, jouée plus tard, en 1843, par la Dorval.

Émile Deschamps, dans la préface de ses *Études*, avait montré ce qu'il y avait d'absurde dans les définitions absolues qu'on a prétendu donner du *genre classique* et du *genre romantique*.

« Contentons-nous, avait-il dit, en dépouillant ces deux définitions hostiles de ce qu'elles ont de niais, d'en faire jaillir deux grandes vérités, savoir qu'il n'y a pas réellement de *romantisme*, mais bien une *littérature du dix-neuvième siècle*; et en second lieu qu'il n'existe dans ce siècle, comme dans tous, que de bons et de mauvais ouvrages, et même, si vous voulez, infiniment plus de mauvais que de bons : maintenant que les *non-sens* des dénominations ont disparu, il sera facile de s'entendre. »

Francis Ponsard, pour beaucoup de familiers du comte de Vigny et de Lamartine, sembla réaliser l'accord du romantisme et du classique ; pour les anti-hugolâtres, il fut le « chef de l'École du bon sens », ce qui, un beau jour, l'ennuya à un tel point qu'il protesta dans une préface.

De même, en 1844, les soutiens de l'École du

bon sens regardèrent la *Ciguë* d'Émile Augier comme une réaction contre le romantisme.

Augier, lui aussi, n'accepta pas ce jugement ; il ne renia pas les maîtres de l'école moderne, tout en prouvant sa propre originalité.

XXVI

Alexandre Dumas n'avait pas de salon ; il vivait au dehors, bien que remplissant son appartement de mille objets de luxe, sauf à en donner à ses amis ou à s'en débarrasser dans les moments de gêne. Ses habits étaient d'une singularité fantastique, ses gilets tiraient l'œil des passants, et chacun plaisantait sur la chaîne d'or qui le faisait ressembler à un marchand d'orviétan.

En outre, il traitait féeriquement ses invités, aimait à crever les chevaux et adorait une multitude de femmes.

L'Académie française ne voulait pas de lui. Dumas posa néanmoins, plus tard, sa candidature. Au moment de son départ pour l'Italie, il écrivit au baron Taylor :

« Au revoir, songez à mon Académie : chauffez Nodier, Barante et Molé. Ce sont, je crois, les trois personnes sur lesquelles vous avez le plus d'influence. »

Malgré Taylor et d'autres amis, Alexandre Dumas ne cessa pas de paraître un « irrégulier » pour les académiciens comme pour les gens de salon. Son fils devait entrer dans la Compagnie des immortels; mais lui, il n'eut que le quarante et unième fauteuil.

Il s'en consola, lorsqu'il vit que son ami Victor Hugo dut frapper plusieurs fois à la porte de l'Institut.

Homme et écrivain de tempérament, aussi improvisateur que Dumas fils est réfléchi dans ses œuvres, Dumas père se montrait prodigue en toutes choses.

Depuis Alexandre Dumas, à qui *Henri III* rapporta trente mille francs, plus d'un auteur dramatique s'est payé, après un succès, des fantaisies fort coûteuses.

Cela tient non seulement au goût de ceux qui manient la plume, mais aussi au rendement d'une œuvre qui réussit au théâtre. Quand l'auteur a bien travaillé, — pour faire sa pièce, pour la « mettre sur ses pieds », pour en obtenir la réception, pour la voir répéter, enfin pour réussir devant le public, — les recettes abondantes surviennent, et, pour peu qu'il ait déjà formé un répertoire, les droits lui arrivent en dormant. Le moyen de ne pas se laisser aller à des dépenses excessives! Le moyen de résister au désir de changer un peu à vue les décors dans son appartement, comme sur le théâtre !

Alexandre Dumas devait, plus tard, se passer la fantaisie d'un bibelot colossal, — édifier le château de *Monte-Cristo* à Saint-Germain.

Autant pendant sa jeunesse que pendant son âge mûr, Alexandre Dumas regarda la vie comme une tragi-comédie. Il ne songea à la politique, en de rares occasions, que par dépit.

Aux journées de 1830, il se mêla à l'action parce que Charles X ne lui avait pas donné la croix d'honneur; il prétendit, sous Louis-Philippe, que, « chez lui, l'homme littéraire n'était que la préface de l'homme politique », et il rêva d'être député, d'être ministre.

Son imagination dépassait de beaucoup ses principes. L'ami du duc d'Orléans devint plus tard l'ami de Garibaldi, — deux affections superficielles, nées et mortes des circonstances.

Le romancier qui fut « l'amuseur » de la génération de 1830, s'amusa fort lui-même ; il vécut à l'état d'exhibition presque perpétuelle.

Louis-Philippe a peint en deux mots Alexandre Dumas, le jour où il l'appela « grand collégien ».

Quelle humeur réjouissante, d'ailleurs ! Quelle

bonne nature! Sa facilité pour faire des plans, sa « belle écriture » et ses compositions primesautières, tout concourait à faire de lui un producteur vertigineux, désertant parfois les régions littéraires pour descendre jusqu'à la fabrication commandée par des librairies. Il pratiqua la collaboration occulte, et publia des œuvres dans lesquelles il avait écrit son nom, sans même les avoir lues.

Qui n'a pas *travaillé* pour Dumas, parmi les littérateurs de l'époque? En disant qu'il fut un patron pour les romanciers et les dramaturges, on doit ajouter que, s'il exploita ses ouvriers en livres, il fut lui-même exploité jusqu'à la fin de sa carrière. Alexandre Dumas a fait des millionnaires et n'a pas su, ou n'a pas voulu l'être. Son plus important collaborateur a été Auguste Maquet, — l'Augustus Mac-Keat du petit cénacle de Théophile Gautier, collaborateur qui a passablement réussi, comme on sait.

Au tour des dames maintenant. La littérature les émancipait.

Mme Ancelot, Mme de Duras, Mme Mélanie Waldor, Mme d'Abrantès, Mme Récamier surtout, ouvraient salon comme Delphine Gay. Il leur plaisait de réunir les célébrités du jour et de savourer leurs hommages.

Mme Virginie Ancelot, qui a écrit *Emprunts*

aux salons de Paris, en 1835, et *Les salons de Paris, foyers éteints*, en 1857, avait des réceptions dont l'influence balançait la puissance des invités de Mme Récamier. Son salon ne fut pas étranger au succès d'Ancelot, qui commença à travailler pour la gloire, *pro famâ*, disait-il, avant de travailler pour la faim, *pro fame*; qui fut élu académicien au moment où il ne composait plus guère que des pièces de second ordre, et qui dirigea le théâtre du Vaudeville de manière à s'y ruiner.

Mme Ancelot reçut longtemps le mercredi.

« Ah! s'écria une de ses *amies*, en apprenant la mauvaise fortune d'Ancelot, où donc passerai-je maintenant mes mercredis? »

On peut affirmer que ce salon devint, dans les dernières années de la vie d'Ancelot, une boîte à épigrammes. L'auteur des *Épîtres familières* lançait perpétuellement des vers caustiques contre ses adversaires en littérature, contre les puissants du jour, et, parfois... contre sa femme.

Mme Ancelot possédait une voix presque aussi enchanteresse que celle de Mlle Mars.

Célèbre par son roman d'*Ourika*, Mme de Duras charmait une compagnie aristocratique. Cette noble Bretonne, fille de l'amiral comte de Kersaint, avait un enthousiaste dans Chateaubriand, et elle lui rendait, en échange, un véritable culte. L'auteur d'*Atala* faisait des visites quotidiennes à Mme de Duras. Lorsqu'il ne pouvait aller trôner dans son salon, il ne manquait pas de lui écrire, et l'auteur d'*Ourika* ne manquait pas, non plus, de faire lire la précieuse lettre à tous ses invités, tant elle était fière des visites de Chateaubriand.

On raconte que tous les jours, à cinq heures de l'après-midi, Chateaubriand se rendait à l'hôtel de la duchesse, où il restait une heure. Sa voiture attendait à la porte. Durant cette heure-là, personne n'avait accès chez Mme de Duras. Il arriva que l'hôte illustre s'absenta pendant une semaine environ; et pour qu'on ne s'aperçût pas de cette absence, la noble dame louait une voiture qui stationnait devant la porte, juste le temps accoutumé.

Ourika était surnommée « l'Atala des salons », et une foule d'objets de mode étaient dits à l'*Ourika*. Un tel engouement du public pouvait bien enivrer la duchesse de Duras.

La fille du littérateur Villeneuve, Mme Mélanie Waldor, réunissait chez elle les vieux amis de son père, mêlés à de jeunes écrivains, poètes ou artistes, appartenant à la nouvelle école.

Comme pour une foule de romans et de livres improvisés, la duchesse d'Abrantès, qui a laissé de très volumineux *Mémoires*, continuait les salons impérialistes, quoique naguère on l'eût surnommée « la petite peste », à cause de ses bavardages et de ses perpétuelles anecdotes. En juillet 1830, Mme d'Abrantès vivait retirée à l'Abbaye-aux-Bois.

Mme Récamier, déjà âgée, recevait dans sa retraite, à l'Abbaye-aux-Bois aussi. Son cénacle, qui datait de longues années, était l'antichambre de l'Académie.

Depuis Chateaubriand, que d'académiciens expectants ont passé par ce petit appartement, où des célébrités d'un genre particulier se produisirent ! Ayant eu l'honneur d'être exilée par Napoléon Ier, Mme Récamier, rentrée en France avec les Bourbons, en même temps que son illustre amie Mme de Staël, charmait par sa beauté durable, par les grâces de son esprit et son goût des belles choses. Le prince Auguste de Prusse lui avait offert le tableau de Gérard, l'*Improvisation de Corinne au cap Misène;* Louis David avait esquissé ses traits, et Canova s'était inspiré d'elle pour sculpter son buste de Béatrix. Elle protégeait et soutenait le malheur, et entretenait correspondance avec les gens les plus distingués de l'époque.

La société que recevait Mme Récamier continuait quelque peu celle de Mme Necker, principalement celle de Mme de Staël, dont le physique n'était guère attrayant, dont les négligences de toilette excitaient l'hilarité.

Sous le Consulat, la bonne Mme Récamier avait caché la sarcastique Mme de Staël, persécutée par Napoléon Bonaparte.

On rapporte qu'un homme, s'étant placé entre Mme de Staël et Mme Récamier, eut la maladresse de dire :

« Me voilà entre l'esprit et la beauté !

— Sans posséder ni l'un ni l'autre », répondit Mme de Staël.

Mme Récamier s'est éteinte en 1849, une année après Chateaubriand, dont les *Mémoires d'outre-tombe* devaient offrir tant de détails intéressants sur l'époque contemporaine, mais parurent dans le journal *la Presse* sans aucun retentissement, à cause des convulsions de la politique.

Vers 1835, Chateaubriand lisait une partie de ces mémoires chez Mme Récamier, et les *Lectures de l'Abbaye* produisaient, par suite d'indiscrétions, une sensation extraordinaire dans les hautes sphères de la littérature.

Désiré Nisard a décrit les circonstances qui accompagnaient les lectures, et tout ce qui se rapportait aux comptes rendus des journaux.

L'écrivain Ballanche, imprégné de romantisme mystique, « génie théosophe ne nous laissant rien à envier à l'Allemagne et à l'Italie », remarque Chateaubriand, était l'hôte de Mme Récamier dès le temps où celle-ci résidait à Lyon.

Il logea, après 1830, en face de la demeure de son amie, à laquelle il écrivait : « Vous êtes mon étoile, ma destinée dépend de la vôtre. Si vous veniez à entrer dans le tombeau, il faudrait bien vite me faire creuser une fosse ; mais je ne crois pas que vous passiez la première. »

En effet, il mourut avant Mme Récamier, qu'il aimait platoniquement et mélancoliquement ; il a été enterré dans son tombeau.

Le peu de « ballanchistes » éclos en conséquence de son système social, se perdirent dans les nuages. Les plus zélés appelaient Ballanche « un composé de rognures d'ange ».

Dans l'Abbaye-aux-Bois Ballanche introduisit J.-J. Ampère, le fils du savant chimiste Marie Ampère, qui créa l'électro-dynamisme et l'électro-magnétisme, et dont les distractions sont devenues proverbiales. J.-J. Ampère s'était associé aux premiers efforts du romantisme : il s'était épris d'une vive passion pour les chefs-d'œuvre des littératures étrangères. Il occupa une chaire au Collège de France.

Assurément Ballanche, J.-J. Ampère, auteur du *Voyage dantesque*, de l'*Histoire romaine à Rome*, et plusieurs autres littérateurs, plus ou moins hors ligne, furent faits académiciens dans le cénacle de Mme Récamier, ce qui, parfois, attira sur la belle vieille quelques-unes de nos critiques. Elle était, en effet, coupable de petites intrigues littéraires, à ce point que l'on compara sa coterie à celle de l'hôtel de Rambouillet, et que l'on surnomma son salon « l'Académie-aux-Bois ».

Pour le salon de Delphine Gay (Mme Émile de Girardin), si appréciée sous le pseudonyme du courriériste vicomte de Launay, il obtint un succès complet, et toute la littérature contemporaine y trouva place. Fille de la belle et spirituelle Sophie Gay, la blonde châtelaine de la rue Gaillon, belle et spirituelle, autant sinon plus que sa mère, fut entourée d'hommages. Lamartine l'appelait « un bon garçon ».

Delphine Gay avait chanté Charles X, mais elle avait consacré de remarquables strophes à la mémoire du général Foy, et elle avait connu la reine Hortense à Naples; aussi les gens de tous les partis célébraient-ils la « muse », qui grandissait à côté de Mme Amable Tastu, dont les *Chroniques de France* parurent en 1829, dont le nom littéraire datait de la pièce de vers intitulée: *Les Oiseaux du Sacre*. Tour à tour passèrent dans son salon Chateaubriand, Lamartine, Victor Hugo, Balzac, Frédéric Soulié, Eugène Sue, Théophile Gautier, Méry, Mlles Mars et Rachel.

XXVII

Loin de ces réunions de l'hugolâtrie, et du monde élégant ou académique, vivaient quelques hommes très appréciés, qui, sans appartenir au monde réaliste, menaient une existence absolument indépendante, et avaient le droit de dire : « Moi seul, et c'est assez ».

En tête, Honoré de Balzac, le chroniqueur des femmes, l'auteur d'*Eugénie Grandet,* du *Père Goriot,* du *Lis dans la vallée,* etc., romans que précéda la *Peau de chagrin.*

De 1827 à 1848, Balzac a publié 97 ouvrages, quoiqu'il eût des procédés pénibles de composition, quoiqu'il fût loin de posséder un talent d'improvisateur.

Quelques-uns de ses romans lui valurent des incidents romanesques, et tout le monde parla de ses relations avec la famille de Hanska, relations qui commencèrent en 1835, lorsque Balzac fit paraître *Séraphita*, et qui eurent pour dénouement le mariage du romancier avec la comtesse Éveline de Hanska, devenue veuve.

Malgré son affectation nobiliaire, son intimité avec les gentilshommes, fine fleur des légitimistes, il a presque mérité d'être surnommé « le Pigault-Lebrun des duchesses ».

Il gardait quelque empreinte de son existence fiévreuse, aventureuse, passionnée, dans le temps où il faisait de mauvaises opérations en imprimerie et en librairie.

Parfois, il était « commun » dans sa mise et dans ses manières. Physiologiste à ce point qu'on a appelé son œuvre « le Musée Dupuytren de la nature morale », il fréquentait beaucoup de savants, des médecins surtout.

On le renseignait sur mille détails de la vie humaine; pour bien d'autres détails, il devinait.

J'en puis donner une preuve, entre mille.

Dans *Pierrette*, Balzac dépeint une maison de mercerie. En lisant ce roman, moi qui vendais du fil et des aiguilles dans le magasin des *Deux Pierrots*, je ne me lassais pas d'admirer les descriptions minutieuses de l'auteur, passant en revue les articles contenus aux boutiques de la rue Saint-Denis.

On eût dit qu'il avait assisté à l'inventaire du

magasin des *Rogron*, ou bien qu'il avait tenu lui-même un dépôt de mercerie. On le surnomma le « commissaire priseur », et, pour une foule de lecteurs, cela nuisait à son talent : les plus impatients sautaient par-dessus des pages, afin d'arriver plus vite au dénouement que, par parenthèse, Balzac brusquait d'ordinaire avec la plus entière désinvolture.

Il connaissait tous les vendeurs de *bric-à-brac* de l'Europe, était en correspondance avec eux, et trouvait dans leurs marchandises une ample matière à description. Il était l'ami de tous les artistes, peintres, sculpteurs, musiciens, et il détestait les critiques, qui lui semblaient des producteurs « impuissants, mentant à leurs débuts ».

Sainte-Beuve lui en a toujours voulu pour cette phrase, qui lui paraissait être une attaque *ad personam*.

De même, les journalistes ne lui pardonnèrent pas le *Grand Homme de province à Paris*.

Un soir, dans les salons d'Érard, Franz Liszt se faisait entendre. Je me trouvais, avec Balzac, Préault, Fétis et Berlioz, avec plusieurs feuilletonistes musicaux, dans un des petits salons voisins de celui où Liszt tenait le piano.

L'incomparable, le surprenant virtuose nous émerveillait en interprétant du Bach, du Beethoven et du Weber.

Balzac, surexcité par les admirations éclatantes de Berlioz, n'imagina pas un meilleur moyen, pour manifester son dilettantisme, que de se rouler sur le parquet — littéralement — et de s'écrier : « Bravo ! sublime ! C'est le dieu du piano ! »

Puis, tout à coup, l'auteur de *Gambara* se retourna, en se relevant, vers moi, et me dit :

« Je lui en veux d'avoir écrit une *symphonie révolutionnaire* en 1830. Heureusement, elle est restée inédite ! »

Berlioz fit une légère moue. Il avait, lui-même, mis en musique, pour un anniversaire des journées de Juillet, l'hymne sublime de Victor Hugo,

Ceux qui pieusement sont morts pour la patrie, etc.

Au temps de ses plus beaux succès littéraires, Balzac avait une tenue étrange, souvent désordonnée. Outre le costume quasi monacal dont il s'affublait ordinairement dans son cabinet, il revêtait des habillements de pure fantaisie, sans tenir compte des saisons. J'ai rencontré l'illustre romancier sur le Pont Royal par une très froide journée de décembre : il portait un pantalon de coutil gris avec un paletot fourré.

En plusieurs circonstances, ce noble par système semblait oublier que noblesse oblige ; le créateur de *Vautrin* et de *Quinola* frisait le bohème, du moins jusqu'au moment où il habita son petit hôtel de la rue Fortunée. Ceux qui prétendaient avoir « acheté son fonds », exagérèrent son débraillé, et inventèrent le « réalisme », qui bannissait tout idéal.

Sur la scène de l'Odéon, où éclatèrent les plus beaux triomphes dramatiques comme les plus désopilantes chutes de l'époque, les *Ressources de Quinola* furent outrageusement sifflées par le public, non pas seulement à cause des défauts de la pièce, mais en punition des procédés de l'auteur, lors de la première représentation.

Balzac avait acheté tous les billets au directeur, et il fallut s'en procurer rue de Vaugirard, où ils se vendaient le plus cher possible.

Cette spéculation ne réussit pas. La salle resta vide. Des vendeurs de places offrirent aux passants, soit dans la rue, soit chez les marchands de vin, une masse de billets à vil prix. Balzac, dit-on, en vendit lui-même. La salle se remplit, grâce à ces moyens étranges. La représentation eut lieu, malgré les protestations et les huées. Si le principal interprète de la comédie n'avait pas *crié*, de toutes les forces de ses poumons, le nom de l'auteur, personne ne l'eût entendu.

Quant au drame de *Vautrin*, représenté à la Porte-Saint-Martin le 14 mars 1840, il fut défendu après la première représentation. Frédérick-Lemaître s'était avisé de se présenter au public avec des favoris touffus et un toupet qui menaçait le ciel. Il avait des gestes étudiés, tels que les spectateurs éclatèrent de rire. Il semblait que Louis-Philippe parût sur la scène.

La liste des littérateurs de mérite n'est pas épuisée.

Édouard d'Anglemont s'acquit, de 1825 à 1835, une modeste réputation de poète, qu'il perdit pendant les années suivantes.

Briseux, dont le nom signifiait presque Breton (Briseuk), imprima des vers bretonnants, parmi lesquels on admira la douce et charmante composition de *Marie*, digne de passer à la postérité. Il était l'ami de Georges Farcy, philosophe, tué près du Louvre en combattant, dans la journée du 29 juillet 1830.

Un autre enfant de la Bretagne, Émile Souvestre, publia à Nantes, pendant l'année de la révolution, des *Rêves poétiques*, et plus tard, ses *Derniers Bretons*, ainsi que son roman *Riche et Pauvre*, qui le recommandait comme écrivain moral.

Enfin, le Breton Hippolyte Lucas publia en 1829, avec Boulay-Paty, une traduction en vers du *Corsaire* de lord Byron.

Dans le débordement de poésie qui se produisit, de 1825 à 1840, on distingue, outre les maîtres pour lesquels l'immortalité a commencé, une foule de femmes et quelques ouvriers.

Louise Colet, plusieurs fois couronnée par l'Académie française, avait des amitiés très puissantes ; piquée au vif par les *Guêpes* d'Alphonse Karr, elle « offrit au journaliste un coup de poignard... dans le dos » ; mais son couteau de cuisinière demeura innocent. Mme Desbordes-Valmore, d'abord chanteuse, puis poète, faisait des vers charmants, en restant « femme, toujours femme, absolument femme ». Hermance Lesguillon, poète comme son mari, donna cinq recueils de vers au moins, de 1833 à 1845. Mme Mennessier-Nodier, fille de Charles Nodier, était à la fois poète et musicienne, comme Mlle Bertin, fille du directeur du *Journal des Débats* ; celle-ci publia les *Glanes*, celle-là les *Perce-Neige*.

A cause de sa parenté, Mlle Bertin excita l'envie de nombreux poètes et de musiciens non moins nombreux. On prétendit que ses vers ne valaient pas l'honneur qui leur était fait ; on prétendit que Berlioz avait collaboré à sa partition d'*Esmeralda*, tandis que ce compositeur n'en avait pas écrit une seule note. Les classiques musiciens la frappèrent sur le dos de Berlioz, et les classiques poètes la frappèrent sur le dos de Victor Hugo. Somme toute, elle ne sortit pas des rangs des amateurs bien doués.

Quels souvenirs s'attachèrent à Élisa Mercœur, morte de langueur et de misère, dit-on, en janvier 1835 ! Elle eut pour ami Chateaubriand, qui suivit son cercueil. Après juillet 1830, Élisa Mercœur fut soumise à une dure épreuve. Les vers — à l'exception de ceux que signaient les maîtres éclatants de la poésie — ne se vendaient plus. Les contemporains préférèrent la prose. Pour vivre, Élisa Mercœur essaya de placer dans un journal une courte pièce de vingt-huit rimes. Elle espérait bien réussir, grâce à la recommandation du grand médecin Alibert.

Le rédacteur du journal compta les vers, et, tirant d'un tiroir *vingt-huit sous*, offrit la somme à Élisa Mercœur, qui fit un mouvement d'indignation.

« Mais, mademoiselle, lui dit le rédacteur avec le plus beau calme, je ne paye les autres vers que deux liards !

— Deux liards ou un sou, ce n'est pas mon prix ! » s'écria-t-elle.

Elle ressaisit sa pièce, la déchira soudain, et sortit désespérée.

Élisa Mercœur gagna son pain en apprenant à lire aux petits enfants de son quartier.

Au même temps, Hégésippe Moreau écrivait :

« A moins d'être Victor Hugo ou Lamartine, les vers ne se vendent pas. »

Déjà la Muse ne pouvait nourrir. Clémence Robert, dont Sénancourt était l'inspirateur, écrivait néanmoins des vers remarquables, avant de devenir romancière démocrate, et de s'installer au rez-de-chaussée des journaux populaires.

Non seulement les femmes rimaient à l'envi, mais les ouvriers « accordaient leur lyre ». Hégésippe Moreau n'avait quitté l'imprimerie qu'après les journées de Juillet, durant lesquelles il se comporta vaillamment.

Le menuisier Jean Reboul, fils d'un serrurier, composait l'*Ange et l'Enfant*, que l'on récitait partout, dans les salons et dans les classes, qui lui valait des vers de Lamartine et l'admiration d'Alexandre Dumas. Le tisserand Magu chantait « sa navette » et conquérait les sympathies de George Sand. Le maçon Charles Poncy publiait, à dix-neuf ans, un premier recueil de poésies. Pierre Lachambeaudie, simple teneur de livres, ancien Saint-Simonien, travaillait à des *Fables*, dont le recueil parut grâce aux moyens que lui fournit le Père Enfantin. Hippolyte Tampucci, garçon de classes au collège Charlemagne, imprima un volume de poésies en 1832, et mérita les encouragements de Victor Hugo.

Il arriva, même, que des condamnés cherchèrent à se réhabiliter par la poésie, comme Hippolyte Raynal, à qui Béranger manifesta des sympathies. Depuis, plus d'un criminel a prétendu prendre place parmi les esprits d'élite. Rappelons-nous Lacenaire.

Poètes et romanciers prodiguaient, en tête de leurs pièces de vers ou de leurs récits, les épigraphes tirées des œuvres de leurs amis : réclames permises pour attirer sur ceux-ci l'attention du public. La mode en est passée. A l'imitation du *Hierro* de Victor Hugo, les *Jeune-France* adoptaient un cachet au sens mystérieux.

Je renonce à citer tous les noms des génies inconnus ou méconnus auxquels ont manqué l'occasion de se produire, ou le talent pour percer, ou la constance pour acquérir de la réputation.

Ils lançaient un livre — vers ou prose — qui était à la fois un bonjour et un adieu à la littérature. Hippolyte Barbier (d'Orléans), par exemple, reçu chez de Vigny, enthousiaste de Lamennais et de Lacordaire, publia en 1836 les *Élévations poétiques et religieuses*. Je perdis de vue Hippolyte Barbier, qui entra dans les ordres, et je le retrouvai aumônier du lycée Louis-le-Grand, où il mourut estimé, aimé de tous. Jeune, il adhérait « et de cœur et d'âme aux théories palingénésiques de Ballanche ».

Après avoir été substitut, Regnier-Destourbet

écrivit des ouvrages historiques et un roman naturaliste et moral : *Louisa, ou les douleurs d'une fille de joie*, signé : l'abbé Tiberge. Ce roman fit quelque bruit. Regnier-Destourbet aborda le théâtre ; puis, par désespoir d'amour, il se retira au séminaire de Saint-Sulpice, où il resta peu de mois. Il est mort à vingt-sept ans.

Sous ce titre : *Gaspard de la nuit, fantaisie à la manière de Rembrandt et de Callot,* on vit apparaître en 1842 un recueil d'Aloysius Bertrand, enlevé par la mort, à l'hôpital Necker, un an avant cette publication longtemps désirée par l'auteur, à qui Eugène Renduel avait fait des promesses, et qui adressa un sonnet à cet éditeur posthume.

Qui lit aujourd'hui les poésies *Feu et flamme,* de Théophile Dondey ?

Charles Lassailly, mort en 1842, après avoir vécu pendant cinq ou six ans de la vie de bohème, dont je vais parler, après avoir perdu sa santé, et un peu sa raison, s'était donné des titres de notoriété excentrique par la publication des *Rouerics de Trialph notre contemporain avant son suicide,* sorte d'autobiographie des plus étranges.

Un dicton circulait : « Les romantiques font tous des préfaces. » Dans ces préfaces, beaucoup expliquaient leurs intentions ; quelques-uns visaient trop haut et, manquant leur but, succombaient sous le découragement. Charles Dovalle, dans sa *Muse romantique*, avait dit :

> Vole, jeune homme !... Oui, souviens-toi d'Icare :
> Il est tombé, mais il a vu les cieux.

De jeunes écrivains, trop ambitieux au début, tombèrent sans éprouver cette joie suprême. Ils ne se virent jamais imprimer.

Jules Vabre annonça seulement l'*Essai sur l'incommodité des commodes*, fantaisie qui n'a jamais paru, qu'il n'a pas même commencée. D'autres ne firent que des essais, des plans, des rêves de publication, des inventions de titres abracadabrants.

A la suite des irréguliers de la plume se multiplièrent les *bohèmes*, affectant le dédain le plus profond pour ce que les bourgeois appellent « règle de conduite », se posant en successeurs de François Villon, jouant le rôle de rapins littéraires, habitués de cabarets, souvent de mauvais lieux, rompant avec les usages de la société polie, et croyant enfin que tout est permis aux hommes d'intelligence.

Ici, je ne veux nommer personne, ni ne veux blâmer plusieurs amis auxquels le genre de vie qu'ils ont mené a été plus ou moins fatal. A côté des faux Byrons romantiques il existait de braves garçons qui tombaient dans l'excès de la révolution littéraire, et qui faisaient de la débauche, de l'immoralité en action. Sceptiques, matérialistes, ils érigeaient la pauvreté en système, et, criblés de dettes, ils riaient de leur insolvabilité volontaire.

Les uns secouèrent, un beau jour, leur manteau de Diogène, et l'on vit beaucoup d'égoïsme au fond de leur caractère; les autres succombèrent prématurément, victimes de perpétuels désordres; tous eurent des imitateurs qui finirent par former des groupes nombreux, avec lesquels la génération suivante a dû compter, et qui ont fait école.

L'esprit de bohème devint envahisseur; il engendra la *blague*, par laquelle — les étrangers ont prétendu que la France périrait, — prédiction outrecuidante et dont, espérons-le, nos fils prouveront la fausseté.

Ce mal ne s'attacha pas seulement à la littérature et à l'art; il gagna peu à peu la science, et surtout la politique. Nous eûmes et nous avons encore des bohèmes, dans ces deux sphères, des gens qui jouent avec le paradoxe, accomplissent leur travail sans conviction, font métier de leur profession et, toujours besogneux autant que pleins d'appétits, gâtent ainsi leurs facultés natives.

Au théâtre des Funambules, sur le boulevard du Temple, une bonne partie des bohèmes se donnaient rendez-vous; quelques-uns faisaient des pièces pour Deburau, le Pierrot inimitable, célébré par Charles Nodier, exalté par Jules Janin dans un livre qui obtint un succès énorme.

Étranges représentations, parfois, que celles des Funambules! A côté des « voyous » de nature, il s'y trouvait des femmes du grand monde, des artistes et des hommes de lettres.

Nous avions l'habitude d'occuper une avant-scène avec Péquegnot, le graveur, et Bonvin, le peintre, avec d'autres amis qui étaient fort au courant des petites misères du théâtre. Rien de plus amusant : on faisait la conversation à voix basse, en *a parte*, avec les acteurs et actrices; mais on se taisait à l'apparition de Deburau, puis on l'applaudissait à outrance.

Privat-d'Anglemont devait toujours faire des pièces pour les *Funambules*, mais je n'en ai pas vu éclore une seule. Beaucoup de bohèmes visaient la fortune de se créer un répertoire mimé par Deburau.

Encore un mot de la littérature et du théâtre, avant de passer à l'art et à la science.

J'ai laissé de côté Casimir Delavigne. Ne croyez pas que ce soit par dédain, ni qu'il y ait parti pris chez moi. Mon hugolâtrie n'allait pas jusqu'à dénier à l'auteur des *Messéniennes* et de *Marino Faliero* un estimable talent de poète, un talent supérieur d'auteur dramatique.

Casimir Delavigne écrivait, dans une préface « La raison la plus vulgaire veut aujourd'hui de la tolérance en tout. » Il devint partisan des concessions en littérature, du juste milieu comme en politique. Classique par l'*École des vieillards*, où Mlle Mars avait joué avec Talma, par les *Vêpres Siciliennes* et le *Paria*, il sacrifia au romantisme non seulement par *Marino Faliero*, mais par *Louis XI*; quoiqu'il donnât à la dernière de ces œuvres le nom de *tragédie*, sans doute pour ne pas rompre avec ses soutiens littéraires, il ne caractérisa pas la seconde quand il l'imprima : *Marino Faliero* parut, — on l'a remarqué, — « sans autre ornement que le nom de l'auteur ».

Craignant de suivre Alexandre Dumas, Victor Hugo et Alfred de Vigny, il hésita à entrer nettement dans le drame. Aussi quelques bouillants coryphées de l'École moderne qualifiaient les *Enfants d'Édouard* de « tragédie puérile ».

Bref, les romantiques firent la guerre à Casimir Delavigne, dont le succès les gênait; ils n'épargnèrent pas, non plus, le roi du vaudeville, qui, ne se contentant pas d'être joué et applaudi dans tous les théâtres de second ordre, osait lancer ses comédies sur la scène du Théâtre-Français, et tenir en échec les maîtres nouveaux.

On reprochait à Eugène Scribe ses incorrections de style, de ne pas écrire en français, d'être « bourgeois » même en traitant des sujets prétendus historiques, d'avoir une foule de collaborateurs, de diriger une fabrique de pièces, et enfin de gagner beaucoup d'argent, ce qui lui permit de patronner efficacement la Société des auteurs dramatiques.

En réalité, Scribe excellait dans l'art de grouper les petits incidents, de nouer et de dénouer les intrigues, de semer les traits d'esprit dans l'action, et de consulter incessamment le goût de son public. C'est lui qui disait, en notant un mot dit devant lui : « Il sera bon dans un an. » Autour de Scribe gravitèrent, outre Ernest Legouvé, bon nombre de vaudevillistes, Dupin, Brazier, Carmouche, Bayard, Saintine, etc., et, de ses collaborateurs ou de ses émules, plusieurs se permettaient de parodier les drames en vogue, audace que nos amis romantiques supportaient avec peine.

Arrière les vaudevillistes, et vivent les dramaturges ! Nous aimions bien mieux les gros mélodrames de Joseph Bouchardy et consorts, qui avaient fait partie du cénacle, et qui, s'ils écrivaient mal, composaient bien les grandes machines à spectacle.

La jeunesse actuelle a des goûts contraires : le drame ne lui va pas ; elle aime mieux les opérettes et les bouffonneries, ou bien les comédies réalistes.

D'autre part, profitant de « la liberté reconquise en 1830 », les directeurs de théâtre jouaient, aux applaudissements des voltairiens et malgré l'indignation des réactionnaires, les *Visitandines*, les *Victimes cloîtrées*, le *Curé Mingrat*, la *Cure et l'Archevêché*, *Urbain Grandier*, etc.

Mais ce débordement de pièces anticléricales, sans grande valeur littéraire, ne dura pas longtemps. Dame Censure l'arrêta.

Les membres du *Caveau moderne*, société de chansonniers et d'amateurs de dîners joyeux, s'étaient brouillés et dispersés en 1817 pour cause politique. Les *Soupers de Momus*, établis depuis 1813, servirent d'asile à quelques-uns d'entre eux, puis disparurent en 1828.

Désaugiers fut en titre « chansonnier de la ville de Paris » aux appointements de 6000 francs. Seul il occupa cette place, expressément créée pour lui.

D'autres lices chansonnières ont existé simultanément ou postérieurement, mais sans succès véritable, devant le *dilettantisme* qui progressait et les romances sentimentales qui envahissaient salons et ateliers. Albert Montémont et ses amis essayèrent de ressusciter un *dernier Caveau*, lequel ne se distingua pas d'une foule d'autres sociétés chantantes et de dîners de camarades, aujourd'hui devenus presque intimes, ou tout au moins spéciaux. Pierre Dupont et Gustave Mathieu ont donné d'autres allures à la chanson.

En écrivant la *Camaraderie ou la Courte Échelle*, Eugène Scribe, ancien élève de l'institution Sainte-Barbe, mit en scène les amitiés de collège. Les *Barbistes*, qui fondèrent une *Association amicale*, ont été imités par les autres lycéens, par les élèves de grands pensionnats.

Les repas annuels des sociétés amicales ont conservé quelque peu l'usage des chansons après boire, comme dans les noces du peuple. Le Barbiste Bayard chantait, au banquet de 1833 :

.... Oui, mon enfant, je te ferai Barbiste :
Ce titre-là te portera bonheur!

XXVIII

Casimir Delavigne était le poète que préférait Louis-Philippe, à qui le *Paria* avait été dédié autrefois, dont le chant de la *Parisienne* et une *Semaine à Paris* exaltaient l'amour pour le drapeau tricolore.

Le roi-citoyen admirait les classiques passés ou présents, Viennet et Liadères, même Fulchiron. Peu connaisseur en art, il eut Alaux pour peintre favori, et l'on assure qu'il disait :

« Alaux dessine bien, n'est pas cher, et est bon coloriste. »

Louis-Philippe estimait aussi Paul Delaroche, surnommé « le Casimir Delavigne de la peinture ». Il aimait « la belle peinture » d'Auguste Couder, élève de Regnauld et de David. Étant duc de Chartres, il avait eu pour maîtres de dessin Carmontelle et Bardin, qui lui donnaient des leçons sous la surveillance de l'auteur de *Léonidas aux Thermopyles*, toujours présent.

Il accabla de commandes, principalement pour Versailles, le peintre de marines Théodore Gudin, qui fut un maître dans l'art de brosser rapidement des tableaux éclatants, et qui, peu à peu, tomba du romantisme dans le faire habile, pour ne pas dire dans le métier. Gudin mena une existence princière dans son château de Beaujon. Son atelier était le plus beau, dans Paris, alors que le nombre des ateliers somptueux n'approchait pas du nombre de ceux d'aujourd'hui.

Quand arriva la chute de Louis-Philippe, Théodore Gudin n'avait encore livré que soixante-trois tableaux retraçant nos faits maritimes, sur les quatre-vingt-dix commandés par le roi déchu. Tout fut payé par la liquidation de la liste civile, et Gudin, demeuré peintre officiel des marines, devint, sous Napoléon III, commandeur de la Légion d'honneur, placé ainsi sur la même ligne que l'illustre Ingres. Vers la fin de sa carrière, il s'adjoignait des collaborateurs : ces associations produisaient des ouvrages de pacotille.

Louis-Philippe ne comprenait pas les poétiques mérites des Scheffer, dont l'aîné, Ary, lui paraissait s'inspirer trop de Gœthe et de Byron. Il est probable que la princesse Marie, élève d'Ary, pensait autrement.

Le règne de Louis-Philippe a pourtant été remarquable par la lutte qui exista entre les coloristes et les dessinateurs en art, comme entre les classiques et les romantiques en littérature, comme entre les harmonistes et les mélodistes en musique.

Il eût été difficile, en ce temps-là, de ne pas se prononcer pour Ingres ou pour Delacroix, quand même on n'eût jamais essayé de tenir un crayon.

Je pris parti pour Ingres, lorsque le *Martyre de saint Symphorien* fut exposé au Salon de 1834. Devant ce tableau, les plus vives contestations s'élevaient, et, il faut le dire, les critiques l'emportaient sur les éloges.

Certains aristarques reprochaient au maître des incorrections de dessin; ils plaisantaient sur quelques intentions mal traduites par le pinceau, et sur des détails trop compliqués.

Vainement les admirateurs ripostaient, en alléguant que le peintre de l'*Apothéose d'Homère* avait rendu avec une force remarquable le sujet dramatique par lui choisi, et que sa composition était superbe de forme et d'expression.

Ingres, ne retrouvant pas en France l'accueil qu'il avait reçu en Italie, se découragea, ou plutôt il bouda le public français. Il annonça qu'il ne participerait pas, désormais, aux expositions officielles ; et il tint parole, partit pour Rome comme directeur de la villa Médicis, d'où il envoya plusieurs toiles devenues célèbres, notamment *Stratonice*, pour le duc d'Orléans, prince royal. On allait voir *Stratonice*, au pavillon de Marsan, par faveur spéciale.

En 1835, le baron Gros avait éprouvé les brutalités de la critique, déchaînée contre son *Hercule et Diomède*.

Agé de soixante-quatre ans, l'illustre peintre dont la plupart des tableaux, sous l'Empire et la Restauration, furent des pages magnifiques, ne put supporter le chagrin de se voir méconnu, oublié, conspué par l'école nouvelle : il se noya dans l'étang de Meudon, et sa mort fit grand bruit dans le monde artistique.

Ingres ne suivit pas l'exemple de celui qui avait été le meilleur élève de David, et qui avait compté parmi ses élèves Camille Roqueplan et Barye; il lutta encore avec énergie, et finit par triompher, par conquérir l'enthousiasme de ses compatriotes, par obtenir des dédommagements, — une réparation éclatante de toutes les injustices qu'il avait souffertes.

Mais Ingres n'exposa plus; on allait voir ses tableaux chez lui; et lorsque le maître était absent, c'était Mme Ingres qui faisait les honneurs aux visiteurs, qui donnait les explications, qui paraphrasait les œuvres de son mari : « Voyez combien cette tête est belle ! Admirez la pose de Vénus ! Jamais on n'a si noblement compris la figure de Jeanne d'Arc ! », etc.

Il me semble que je suis encore dans le petit appartement d'Ingres, à l'Institut.

On peut déclarer hardiment qu'Hippolyte Flandrin continua l'auteur du *Saint Symphorien*, sans admettre qu'il le dépassa, sinon pour le caractère religieux.

Fidèle à son maître, à Ingres, l'auteur des peintures murales de Saint-Vincent de Paul, de Saint-Germain des Prés, à Paris, et de Saint-Paul de Nîmes, excella dans le portrait. Hippolyte Flandrin était regardé comme un des plus habiles dessinateurs contemporains, comme un des plus sobres coloristes. En fait de couleur, sa sobriété nous paraissait excessive. Selon nous, il poussait trop au gris. La grandeur et l'unité harmonieuse de ses compositions rachetaient ce défaut, qui était celui des derniers représentants de l'école classique en peinture.

Nous avions sur le cœur les grisailles de Meynier et d'Abel de Pujol, ainsi que ces plafonds blafards dont nos monuments avaient été pourvus par les artistes officiels.

Cependant Eugène Delacroix, le chef des coloristes, ne cessait pas d'envoyer aux Salons ses compositions hardies; de plus en plus il s'illustrait, et, tout en admirant Ingres, beaucoup de jeunes, alors, convenaient que Delacroix possédait des qualités puissantes, méritait l'appui de Thiers arrivé au pouvoir, et devait un jour composer de vivantes peintures murales.

La gravure et la lithographie reproduisaient, popularisaient sa *Barque du Dante*, son *Massacre de Scio*, son *Hamlet*.

Le Louvre — en temps d'exposition — attirait une foule remplie de fanatiques, — qui pour Delaroche, qui pour Decamps, qui pour Delacroix, qui pour les paysagistes, qui pour les tableaux de genre. « On parcourait les galeries, écrit Théophile Gautier, avec des gestes d'admiration frénétique qui feraient bien rire la génération actuelle. »

Ainsi, quand Delacroix exposa *Médée poignardant ses enfants*, la toile se trouva placée à l'entrée du salon carré, à gauche, tout près de la porte du grand escalier.

J'étais là en extase, avec une assez nombreuse compagnie. Un de mes camarades de collège, arrivé avant moi, me serra tout à coup la main et s'apprêta à sortir.

« Comment! lui dis-je, tu ne viens pas dans les autres galeries?... Il y a de belles toiles... Le salon est remarquable.

« Non ; *Médée* me suffit... sublime ! Inutile de voir le reste. »

Et il disparut.

Presque au même moment, un autre ami, graveur *classique*, passa devant l'œuvre de Delacroix, sans seulement daigner s'y arrêter. Je l'interpelle. Il me répond :

« Croûte ! croûte ! croûte !... pas l'ombre de dessin.... Adieu ! »

Le premier, le partisan de Delacroix, était d'ailleurs un garçon de mérite ayant fait de bonnes études au collège Henri IV, et qui, adonné au culte de la peinture, étudiait à la fois le grand coloriste et le merveilleux dessinateur, — Ingres et Delacroix. — Il poursuivait un but impossible ; sérieusement, il rêvait de concilier l'un et l'autre génie, en multipliant les efforts.

Après avoir enfourché ce dada durant plusieurs années, il perdit courage et se coupa la gorge dans une hôtellerie de Rome.

D'autres ont osé le même essai, sans toucher le but. Ils voulaient la perfection.

Par exemple, Théodore Chasseriau s'inspira d'Ingres et de Delacroix. Il se recommanda par l'invention, par la composition, par le sentiment poétique, quelquefois étrange.

Il arriva à Théophile Gautier, dans ses *Salons*, d'écrire trois ou quatre feuilletons pour

Delacroix, autant pour Chasseriau, et de passer plus que rapidement sur le reste des peintres d'histoire.

Prématurément enlevé à l'art, Chasseriau a laissé des toiles remarquables; il a décoré une chapelle de Saint-Merry et une chapelle de Saint-Roch.

Parmi les artistes du temps, travaillant sous l'influence de l'air ambiant qui partout circulait, plusieurs ne laissèrent qu'un tableau, puis s'effacèrent. Arbres poussés en serre chaude.

Eugène Devéria, avec sa *Naissance de Henri IV*, promettait d'être un Paul Véronèse français, comme Thomas Couture, plus tard, avec les *Romains de la décadence*, promettait de devenir un maître hors ligne.

Camille Roqueplan n'a pas assez vécu pour faire de la grande peinture, telle que la présageaient sa *Madeleine* et son *Lion amoureux*.

Autant son frère Nestor brillait par l'esprit littéraire, autant Camille brillait par la grâce et le pittoresque de son pinceau.

Couture prétendait faire école, à côté d'Eugène Delacroix. Il a disparu sans y parvenir, et sa couleur a bien pâli devant celle du peintre de *Médée*. Néanmoins, son *Fauconnier* reste une œuvre à part, presque accomplie.

Chez Eugène Devéria, et chez Achille, les romantiques affluaient, comme chez leur ami, Louis Boulanger. Victor Hugo, Alfred de Musset, Sainte-Beuve, Paul Foucher, Pétrus Borel s'y rencontraient avec Gustave Planche.

Gustave Planche avait alors un peu moins de trente ans. Il était de ceux que la vocation littéraire tourmentait, et il ne voulait pas être pharmacien dans l'officine de son père. Après avoir pris une première inscription à l'École de pharmacie, Gustave Planche se fit homme de lettres, collaborateur de l'*Artiste* ; et bientôt il s'attacha surtout à Alfred de Vigny, qui l'introduisit à la *Revue des Deux Mondes*.

Là, ce critique doctrinaire s'institua « magister de la littérature »; il tint véritablement la férule, de telle façon qu'Alphonse Karr le surnomma plaisamment « Gustave le Cruel », et que Victor Hugo, Lamartine, Lamennais et Balzac en reçurent des coups, injustement appliqués.

Nous autres, romantiques persévérants, nous vîmes en lui un transfuge. L'auteur d'*Hernani* se vengea de ses articles perfides en l'appelant, dans les *Voix intérieures* « méchant, Zoïle à l'œil faux », en le déclarant « trop venimeux pour qu'on le touche ».

Pour ma part, j'ai peu fréquenté Gustave Planche. Sa tenue fort négligée lui attira plus tard de nombreuses et vives critiques. Il s'en riait, en consommant, au café Soufflet, une quantité invraisemblable de petits verres de cognac. Il est mort en septembre 1851.

Mais revenons aux artistes.

Les succès de Decamps prirent leur source dans l'originalité de ses paysages, de ses toiles de genre, de ses fusains et de ses aquarelles. Sa spécialité, celle que préféraient les amateurs, c'étaient les singes : *Singe au miroir, Singes boulangers, Singes charcutiers, Singe peintre* et *Singes experts.* Ce dernier tableau ridiculisait le jury de peinture, refusant fréquemment les œuvres de Decamps, qui découvrit l'Orient comme Delacroix découvrit l'Afrique.

Cet élève d'Abel de Pujol ne négligea rien afin d'oublier les principes de son maître, et bien lui en prit pour réussir à marquer dans l'histoire de l'art au dix-neuvième siècle.

Si l'on a pensé qu'Eugène Delacroix fut le Victor Hugo de la peinture, on a lieu de reconnaître aussi qu'Horace Vernet en fut l'Alexandre Dumas, principalement à cause de sa fécondité.

XXIX

Quant au talent d'Horace Vernet, nous l'avons plus d'une fois dédaigné.

Dans cette famille, on peignait de père en fils : Antoine, Joseph, Carle, Horace Vernet. Il nous semblait, à nous, hugolâtres, qu'une palette venue par succession fût nécessairement entachée de vulgarité. Il y avait trop longtemps qu'on parlait des Vernet!

Horace, prétendions-nous, faisait de la peinture « à la toise »; il brossait ses toiles « à cheval »; il n'était « grandiose que pour les bourgeois ». Plus on nous vantait sa facilité, plus nous l'écartions du Parnasse de l'art.

Dans l'espace de sept mois, il couvrit sept cent soixante et quelques pieds de toile (un peu plus de trois pieds carrés par jour); et dans l'espace de trois ans il improvisa cinquante-sept tableaux.

Toutes ses batailles de l'Empire furent refusées par le jury de la Restauration : son atelier devint alors un rendez-vous pour les adversaires du gouvernement de Charles X, et, conséquemment, Louis-Philippe le protégea, au point de lui offrir plus tard la pairie. Horace Vernet refusa ; il refusa aussi de peindre un « Louis XIV à l'assaut de Valenciennes », parce que c'était mentir à l'histoire.

Le roi et l'artiste se brouillèrent. Horace Vernet partit pour la Russie, revint en France après la mort du duc d'Orléans, se réconcilia avec Louis-Philippe, « se remit à l'ouvrage », comme nous disions.

Enrichi par ses travaux, décoré de tous les ordres de l'Europe, cet artiste que l'on appelait « le pourvoyeur du Musée de Versailles », a tenu une grande place dans son époque, sans ajouter de fleurons à la couronne de l'art ; mais le pinceau d'Horace Vernet a retracé tant d'épisodes de nos annales que son nom ne périra pas. Ce fut un peintre-historien, nous pourrions presque dire un peintre-voyageur.

Un autre créateur de compositions immenses, un peintre philosophe, Paul Chenavard, brilla par l'imagination. Il n'accomplit que la moitié de sa tâche et crut pouvoir mener à terme une œuvre colossale, lorsque, après février 1848, il fut chargé de décorer le Panthéon.

Il devait tracer l'histoire de la civilisation depuis la Genèse jusqu'à la révolution française.

Quel sujet! quelle grandeur! Combien l'artiste qui avait étudié à fond les maîtres de l'Italie se trouvait à l'aise pour mettre à profit son savoir et manifester son style!

Chenavard travailla avec ardeur, avec foi; onze cartons énormes étaient déjà terminés quand le Panthéon fut rendu au culte catholique — avec un fronton annonçant une nécropole des grands hommes. Il ne se dédommagea un peu que par le Salon de 1853 et l'Exposition universelle de 1855.

Adoptant une manière toute différente, choisissant des sujets épisodiques, et les traitant selon les idées du romantisme, Robert Fleury s'attirait fréquemment, au contraire, les bravos du public. Il peignait tantôt une scène de la Saint-Barthélemy, tantôt Henri IV rapporté au Louvre, tantôt le Colloque de Poissy, tantôt une scène d'Inquisition ou un autodafé.

Que sais-je encore? Autant de tableaux, autant de succès, que les belles lithographies de Mouilleron, élève de mon frère, rendaient promptement populaires. La peinture de Robert Fleury élevait le genre à la hauteur de l'histoire, ou, si vous l'aimez mieux, elle accommodait l'histoire avec le genre, elle inculquait un peu de romantisme aux bourgeois.

Le nom de Robert me rappelle un talent qui lança des étincelles depuis 1824 jusqu'à 1835 ; une personnalité toute romanesque ; un artiste qui commença par tenir le burin et finit par tenir le pinceau, en composant des toiles qui ont le précieux patient de la gravure.

Je parle de Léopold Robert, qui se tua à Venise, en 1835, et dont le dernier tableau : *Pêcheurs de l'Adriatique,* fut exposé une année après dans une salle de la mairie de la rue Drouot. La foule se pressait, émue, attristée, devant l'œuvre de celui qui s'était donné la mort par suite d'un amour sans espoir pour la princesse Charlotte Napoléon.

Mercuri avait gravé les *Moissonneurs* de Léopold Robert, et quiconque possédait une belle épreuve de cette délicieuse gravure ne l'eût pas facilement cédée, je vous le jure. La mode fut aux œuvres de cet artiste, donnant à ses brigands et à ses paysans un certain air de majesté mélancolique. L'*Improvisateur,* la *Madone de l'Arc,* les *Moissonneurs* et les *Pêcheurs* figurent dans les galeries du Louvre.

Le temps les a fort défraîchis, et puis... la mode s'est portée ailleurs, et l'on reste presque froid devant ces toiles jadis acclamées !

Il faut se borner ; mais dois-je me taire sur les paysagistes ?

Ils forment un groupe vraiment extraordinaire dans la génération de 1830.

Bidauld et plusieurs artistes peintres nous servaient, sous le nom de tableaux, des plats d'épinards réussis.

Chaque année, à l'ouverture du Salon, nous formions une bande, quelques amis et moi. Nous cherchions les plats d'épinard, devant lesquels nous éclations de rire, à la grande indignation des bourgeois, qui partageaient le goût de Louis-Philippe, et estimaient beaucoup le talent de Bidauld.

L'École du paysage composé, historique et mythologique, elle aussi, possédait le privilège d'exciter fréquemment notre hilarité. A part quelques toiles d'Aligny, de Paul Flandrin, de Rémond même, nous plaisantions fort les « créations », en disant bien haut que le paysage devait représenter les scènes de la nature, au lieu d'en inventer.

Les Théodore et Philippe Rousseau, les Jules Dupré, les Camille Flers, les Louis Cabat n'ont-ils pas excellé dans ce genre, en même temps que Louis Français, François Daubigny, Constant Troyon, Prosper Marilhat, Camille Corot, Millet, Chintreuil et Rosa Bonheur, les uns produisant aussi des natures mortes, les autres plaçant dans leurs sites des animaux admirablement peints ?

13.

Notre École actuelle du paysage n'a pas de rivale. Qui donc mieux que Dupré sut faire percer le soleil sous les ombrages? Qui rendit mieux que Théodore Rousseau, que Flers, Français et Daubigny, les effets d'arbres, de rochers et de ciel? Et la *Mare aux canards*, de Cabat? Troyon n'a-t-il pas mérité le surnom de « la Fontaine de la peinture », avec sa touche virile, sa richesse de tons et son brillant coloris? Le *Marché aux chevaux*, de Rosa Bonheur, n'est-il pas un chef-d'œuvre, parmi d'autres toiles charmantes?

Marilhat, prématurément enlevé aux arts, nous traduisait poétiquement les plus beaux aspects de la Syrie, de l'Égypte et de l'Italie, tandis que Corot, sans égal dans les matins et les soirs, se montrait encore plus parfait dans les solitudes, faisait impression sur l'âme du spectateur, sans se préoccuper outre mesure de l'imitation matérielle.

Corot, l'élève de Bertin et de Michallon, se montra à la fois plus poétique et plus réaliste que ses maîtres. La réputation de ce paysagiste, d'abord si discuté, a grandi au point de le rendre populaire.

Ces artistes-là prirent pour atelier d'études l'admirable forêt de Fontainebleau, et ils y fondèrent des colonies, — Barbizon, Chailly et Marlotte.

Th. Rousseau, Corot, Diaz, Leroux, Troyon, Flers, Gaspard Lacroix, Lavieille, Jacques, François Millet, Chintreuil, Bodmer, etc., ont été comme les sylvains de cette merveilleuse collection d'arbres gigantesques.

A Barbizon, l'aubergiste Ganne en a vu passer un bon nombre. Une complainte rappelle encore les premiers temps de la colonie, et le *vertueux* Augustin Challamel, comme on le remarque dans ce curieux morceau, écrit en entier de ma main, s'y rencontra avec Guillemin et Brissot de Warville.

Je ne citerai que quatre vers de la complainte, sur le premier de ces deux artistes :

> Guillemin, de gloire avide,
> Pour sa part un panneau prit;
> Il y mit tout son esprit...
> Et le panneau resta vide.

Ce pauvre Guillemin, peintre de genre, dont le pinceau était habile et gracieux, eut son heure de célébrité. La mort nous l'a enlevé, dans la maison qu'il possédait à Bois-le-Roi, commune située au milieu de la forêt de Fontainebleau.

Chez l'aubergiste Ganne, les artistes peignaient des panneaux, dont l'ensemble a formé un véritable musée renfermant plus d'un trésor.

XXX

Pour terminer mes appréciations sur le mouvement des beaux-arts, il me reste à signaler l'essor de l'architecture, de la sculpture, et de la musique.

Les chapitres *Paris à vol d'oiseau* et *Ceci tuera cela*, dans le roman de *Notre-Dame de Paris*, émurent les imaginations et réagirent vigoureusement contre les exploits trop prolongés de la Bande noire, qui démolissait une foule de monuments historiques ; ils nous débarrassèrent des maladroits qui restauraient les plus belles églises ou les plus intéressants châteaux d'une manière déplorable.

On voyait détruire des chefs-d'œuvre de pierre ; on voyait massacrer, en les *réparant*, tous les spécimens divers d'architecture. Aucun respect pour les souvenirs, dont se moquait la spéculation ; aucune intelligence des styles, quand l'archéologie, en France, avait déjà des représentants émérites : Millin, Séroux d'Agincourt, le baron Taylor, Lenoir, Quatremère de Quincy, Letronne, Raoul-Rochette, de Saulcy, Lenormant, du Sommerard, Didron, les deux Champollion, etc.

L'influence de l'auteur de *Notre-Dame de Paris* fut telle qu'un mot caractéristique s'échappa de la bouche de la princesse Hélène, femme du duc d'Orléans, lorsque, peu après son arrivée en France, elle se trouva en face de Victor Hugo.

« Le premier édifice que j'ai visité à Paris, dit-elle au poète, c'est *votre* église. »

Effectivement, personne ne passait devant la cathédrale sans peupler, par l'imagination, ses tours imposantes, — sans songer à Claude et à Jehan Frollo, à Quasimodo et à Esmeralda.

Tout changea, comme par enchantement, en conséquence d'études sur le Moyen âge et la Renaissance. Les ruines eurent leurs amoureux passionnés, et des artistes érudits s'appliquèrent à panser les blessures des monuments, au lieu de les faire disparaître avec la pioche.

Lassus et Viollet-le-Duc opérèrent de véritables miracles. Grâce à eux, la Sainte-Chapelle, Saint-Germain l'Auxerrois, la cathédrale de Paris, le château de Pierrefonds, les fortifications de Carcassonne, et beaucoup d'autres monuments en province, furent restaurés magistralement, redevinrent jeunes, rappelèrent avec autorité l'époque de leur fondation.

La réussite de ces architectes fut telle, que chacun, lettré ou non, suivit l'impulsion donnée.

De nouvelles constructions, alors, reproduisirent les styles du temps passé; les églises gothiques, les manoirs *seizième siècle*, les châteaux *Louis XIII* abondèrent sur tous les points de la France, et depuis, il faut l'avouer, l'art architectural a plutôt imité que créé, dans le principal et les accessoires, en se montrant éclectique au suprême degré. Lassus observait que l'architecture grecque ne convenait ni à notre religion, ni à notre climat; que nos matériaux mêmes y sont impropres. Il éleva la nouvelle église paroissiale de Belleville.

L'École des beaux-arts couronnait annuellement des architectes destinés à propager les doctrines classiques, mais dont plusieurs se lancèrent dans le romantisme ou dans la fantaisie.

Fontaine et Percier continuaient la ligne classique; Duc élevait la colonne de Juillet, avant de construire la façade occidentale du Palais de Justice, où Hippolyte Lebas avait achevé le monument de Malesherbes; Léon Vaudoyer et Henri Labrouste acquéraient une réputation hors ligne et formaient de nombreux élèves, — le second surtout comptait des disciples enthousiastes.

Henri Labrouste organisa les funérailles de Napoléon I‍er, et fut appelé à réédifier la bibliothèque Sainte-Geneviève.

Comme beaucoup de gens sont des profanes en architecture, peu d'architectes imbus des idées nouvelles arrivèrent à la popularité.

Les sculpteurs, au contraire, ne manquèrent pas de prôneurs ou de détracteurs. Quelques vieux manieurs du ciseau durent céder le pas aux novateurs, parmi lesquels s'illustrèrent David d'Angers et Pradier; celui-ci, païen, grec surtout, possédait l'art du nu non provocant, donnait les *Trois Grâces;* celui-là mêlait la science avec l'énergie.

François Rude sculptait son fameux *Départ*, ou la *Marseillaise*, bas-relief de l'arc de triomphe de l'Étoile; Dumont posait sur la colonne de Juillet son *Génie de la Liberté;* Duret faisait son *Pêcheur* et son *Vendangeur;* Jouffroy travaillait à son *Ingénuité*, jeune fille confiant son premier secret à Vénus.

Étex exécutait son groupe colossal de *Caïn*, et se voyait malmener par le jury du Salon.

Barye éprouvait aussi les rigueurs du jury, ce qui le força de se jeter dans l'industrie des bronzes; puis il montrait une originalité puissante comme *animalier*, et devenait le statuaire des lions. Çà et là, dans les magasins de bronzes, nous prenions plaisir à contempler des groupes de Barye, et malgré l'Institut, cet artiste conquérait une haute renommée. Son *Lion au serpent*, incontesté chef-d'œuvre, son *Tigre dévorant un crocodile*, son *Combat d'ours*, et bien d'autres productions, promettaient le *Centaure dompté par un Lapithe*, qui obtint plus tard un succès immense.

Injuste jury! s'écriait-on. Composé exclusivement des membres de l'Académie des beaux-arts, il frappait tout ce qui ne marchait pas dans l'ornière, et ses arrêts s'attaquaient aux talents les plus hardis.

De temps à autre, quelque article de revue ou de journal dénonçait les jurés à l'animadversion publique. Jeanron, dans la *France littéraire* de 1840, qualifiait ainsi l'Académie des beaux-arts : « Séminaire éternel d'incurables préjugés, il proscrit toute espèce de lutte d'opinions ; il frappe d'interdiction tout esprit novateur. » Thoré et Gautier ne manquaient aucune occasion de la prendre en défaut ; et il faut convenir qu'elle prêtait le flanc.

Parmi ses victimes, dans la statuaire, ajoutons à Auguste Préault, déjà nommé, exclu pendant quinze ans des expositions, et qui se vengeait par des bons mots, je n'ose dire par de bonnes statues, — ajoutons Jehan du Seigneur, Antonin Moine et Maindron.

Jehan du Seigneur, romantique pur, de fond et de forme, portant un pourpoint de velours noir, débordait de lyrisme et multipliait les médaillons d'amis, aujourd'hui brisés, — plâtres ou originaux. — Les visiteurs furent ébaubis quand ils virent, au Salon de 1834, son groupe colossal : l'*Archange saint Michel vainqueur de Satan*.

Antonin Moine était à la fois pastelliste et sculpteur voué à la nouvelle école. Tout semblait lui sourire, lorsque, en 1849, détachant un pistolet d'une panoplie, il se brûla la cervelle.

Maindron, élève de David d'Angers, utilisait pour vivre son talent de musicien instrumentiste, s'engageait dans les orchestres, et se faisait connaître par sa statue de *Velléda*, vivement critiquée, parce qu'elle échappait à l'idéal antique.

Moins lancés dans la lutte, le baron de Triqueti représentait la *Mort de Charles le Téméraire*, puis exécutait les bas-reliefs des portes de la Madeleine ; Mlle de Fauveau, appartenant à la haute société légitimiste, produisait des œuvres pleines de grâce et dans le genre du gothique italien.

Tout le faubourg Saint-Germain soutenait le talent de Mlle de Fauveau, à cause des vives sympathies de celle-ci pour la duchesse de Berry.

La noble statuaire avait déposé le ciseau pour

prendre le fusil et combattre dans les rangs des royalistes en Vendée; condamnée à la déportation, elle s'était réfugiée en Belgique, d'où elle envoya au Salon de 1842, entre autres œuvres, une *Judith montrant au peuple la tête d'Holopherne.*

Judith ressemblait quelque peu à la duchesse de Berry, et Holopherne à Louis-Philippe.

On en parla longtemps parmi les légitimistes. Quelles gorges chaudes ils firent à propos de cette ressemblance!

La princesse Marie d'Orléans, avec sa *Jeanne d'Arc*, excita l'admiration des philippistes et l'estime des connaisseurs les plus délicats. Elle était l'élève d'Ary Scheffer et de David d'Angers. La *Péri*, l'*Ange gardien du ciel*, des bas-reliefs, des bustes, des statuettes, des dessins, des eaux-fortes, nous ont été laissés par cette fille d'un roi, adonnée aux beaux-arts. Sa statue équestre de Jeanne d'Arc éclipsa celle de Foyatier, inaugurée à Orléans en 1855. La princesse Marie fut une rare et touchante personnalité, qui s'éteignit à l'âge de trente-six ans.

Enfin, chez les graveurs, les lithographes, les dessinateurs, et chez les artistes industriels, des novateurs apparurent aussi.

Au baron Desnoyers et à Forster, classiques du burin, nous préférions Henriquel-Dupont, reproduisant les œuvres des maîtres contemporains, notamment Delaroche, Ary Scheffer et Ingres.

Il nous plaisait qu'une planche, à l'aide de plusieurs procédés, rendît plus exactement l'effet de l'œuvre originale. Mon cher ami Achille Martinet, à qui l'on doit le magnifique *Portrait de Rembrandt* peint par lui-même, se plaçait à côté d'Henriquel-Dupont, après s'être d'abord appliqué à continuer les vieux maîtres.

Ces deux graveurs ne s'élevaient pas contre les progrès accomplis par l'école moderne ; ils cherchaient à faire rendre par le burin toutes les faces du grand art de la peinture.

J'ignore ce que pense aujourd'hui M. Henriquel-Dupont de l'avenir de la gravure au burin, mais je n'ai point oublié qu'Achille Martinet, quelques années avant sa mort, me disait avec une tristesse mêlée d'amertume :

« Le temps n'est pas loin où la taille-douce n'aura plus de représentants. »

En effet, elle a supporté des assauts, d'abord de la part de la manière noire, de l'aqua-tinta, de l'eau-forte, puis de la part de la lithographie, enfin de la part de la photographie.

Un Nanteuil, un Édelink ou un Drevet vivraient-ils convenablement de leur art à l'heure présente ?

Célestin Nanteuil, lithographe romantique dont les vignettes et les frontispices illustraient les œuvres de la nouvelle école, de Lemud, amant des sujets fantastiques, Léon Noël, voué aux portraits et au genre, Achille Devéria, qui excellait dans les types de belles femmes, Challamel aîné, André Durand, Champin, Mouilleron, Laurens, etc., qui reproduisaient les meilleurs tableaux des Salons, fournirent une très honorable carrière, sous la monarchie de Juillet.

Les uns se distinguèrent par des compositions originales, empreintes des mouvements de l'époque; les autres collaborèrent à des publications fort remarquables, parmi lesquelles je citerai le *Voyage pittoresque dans l'ancienne France*, du baron Taylor, et les *Arts au moyen âge*, de du Sommerard.

L'*Artiste* et la *France littéraire* publiaient d'excellentes gravures ou lithographies. Rarement un tableau digne d'attention manquait d'être interprété, popularisé; et les vitrines des marchands d'estampes regorgeaient de sujets gravés ou lithographiés, comme de caricatures de mœurs ou politiques.

L'esprit ne se rencontrait pas toujours, ou bien il était parfois grossier dans les *charges* publiées. On faisait débiter au bossu Mayeux — création cocasse de l'époque — une foule d'allusions à la politique : Mayeux aux Tuileries! Mayeux à la Chambre! Mayeux chez le ministre. Mayeux garde national!... Ah! nom de D.... M. Mayeux, cela devenait ennuyeux.

Au contraire, chez certains caricaturistes, que de finesse, que de vrai talent!

Charlet, Gavarni, Daumier, Granville, Henri Monnier, n'excitaient pas seulement notre hilarité : ils nous intéressaient par leur valeur artistique. Plusieurs de leurs *suites* de sujets ont obtenu la consécration du temps, sans rien perdre des mérites de l'actualité. Les *Grognards! Lorettes* et *Enfants terribles! Beaux jours de la vie* et *Papas! Métaphores du jour* et *Fleurs animées! Mœurs administratives* et immortels *Prudhomme!*

Est-ce que tous ces types ont été oubliés! Est-ce que toutes ces ravissantes scènes ont été remplacées! Est-ce que l'esprit d'alors n'abondait pas en œuvres de valeur!

J'ai commis quelques critiques de Salons dans les recueils périodiques du temps, et chaque année, un mois avant l'ouverture d'une exposition des artistes vivants, je visitais les ateliers.

Ces visites m'offraient un attrait tout particulier, parce que mon frère publiait un *Album du Salon*, reproduisant par la gravure ou la lithographie les principales œuvres exposées. Il fallait préparer la publication, afin de la lancer utilement. On ne possédait pas alors les procédés rapides et à bon marché qui facilitent aujourd'hui ces sortes d'ouvrages.

Les visites aux ateliers étaient intéressantes encore, non pas seulement à cause des primeurs dont on avait par avance l'agréable surprise, mais aussi parce que les futurs exposants se livraient à des commentaires étranges sur les œuvres passées et présentes de leurs rivaux.

A les entendre, rien de bon n'apparaîtrait, en dehors de leurs propres travaux.

« Y aura-t-il, me demandait l'un, quelque toile de ce peintre d'enseignes qu'on nomme Delacroix? Son *balai* est-il démanché? »

« Verrons-nous, me demandait l'autre, un rouleau de papier de tenture, imaginé par Horace Vernet? »

« On assure, avançait un troisième, que Paul Delaroche a envoyé une grisaille fort mélodramatique. La connaissez-vous? »

Je me gardais de répondre, car il eût fallu parler sur le même ton, hurler avec les loups.

Quelquefois, ces opinions émises par des hommes que leur talent hors ligne eût dû rendre moins acerbes, moins injustes envers des collègues, m'irritaient un peu.

Mais l'absolu dans l'art était, est encore chose

ordinaire ; les jalousies ou les partis pris dépassent la mesure des convenances. Injurier les autres, c'était se glorifier soi-même.

Comme je ne faisais pas chorus avec ceux qui ne peuvent critiquer sans attaquer violemment, j'avoue que je passai pour un affreux « bon enfant », pour un « inoffensif ».

Que m'importait? Je prenais le beau où je croyais le trouver, et je n'imitais pas les sectaires reniant ce qui s'écartait du dogme par eux admis.

Tel critique d'art imprimait, au bas d'un journal, trois ou quatre feuilletons sur un seul artiste, et ne croyait pas « le reste digne d'être nommé. »

Puis j'en vins à m'apercevoir de ceci, qu'il ne suffisait pas, dans un compte rendu, de soigner un ami ; qu'il fallait, en outre, sous peine de perdre à ses yeux le fruit de lignes admiratives, ne risquer aucun compliment à l'endroit de ses émules. On ne disait jamais assez de bien sur son œuvre ; on en disait toujours trop sur celle du voisin. L'exclusivisme était une loi de l'amitié, une loi rigoureuse, menant droit à l'injustice.

En vertu de la camaraderie, nul ne devait avoir du talent que nous et nos amis ; pour les autres, des épigrammes, des méchancetés, voire des injures : c'était forcé.

La chose n'a pas changé, et la génération qui a suivi celle de 1830 a conservé intacte cette tradition singulière.

Quiconque n'affiche pas un système et n'a pas de groupe pour le propager en paroles ou en écrits, se morfond dans son obscurité. La publicité devient indispensable; les coups de tam-tam ajoutent au son des trompettes de la renommée.

Sous le souffle fécondant des sommités littéraires et artistiques, l'érudition porta des fruits nouveaux. Les belles monographies commencèrent.

Froment Meurice, artiste orfèvre, étudia les collections et les musées, pour parfaire des produits charmants, pour ciseler des ostensoirs, des épées, des surtouts magnifiques. Le duc de Luynes ne dédaigna pas de fabriquer des armes de luxe, et plus d'un grand seigneur sacrifia de grosses sommes pour contribuer au développement de l'art plastique ou industriel.

A l'heure qu'il est, les grandes publications illustrées fourmillent. Quel que soit leur prix, elles trouvent des acheteurs. Mais alors, quand les grands ouvrages d'art commencèrent à paraître, le nombre des souscripteurs était fort restreint, et bien des éditeurs reculèrent devant les frais qu'ils nécessitaient. La plupart du temps, les auteurs eux-mêmes se chargeaient de l'entreprise; après avoir travaillé énormément, ils se livraient à d'énormes dépenses d'édition, en cédant à l'entraînement général et par amour de l'art.

Mon ancien camarade Achille Jubinal eut longtemps à lutter pour achever ses *Anciennes tapisseries historiques* et son *Armeria real*, qui datent de 1837; Ferdinand de Lasteyrie mit dix-neuf ans à publier l'*Histoire de la peinture sur verre*, commencée à la même époque; Brongniart et Riocreux publièrent la *Description du musée céramique de Sèvres*.

Didron, sur les conseils de Victor Hugo, se dévoua à l'archéologie du moyen âge; il fonda une manufacture de vitraux, de verrières historiées et de grisailles. La résurrection de la peinture sur verre ne tarda pas à s'opérer.

Des musées améliorés ou des galeries nouvelles coûtaient cher à l'État, ou à la liste civile, ou à la fortune particulière de Louis-Philippe.

Une collection de tableaux espagnols, malheureusement choisis sans habileté, augmenta le musée du Louvre, où l'on s'occupa avec soin de rassembler une foule de dessins originaux. Les découvertes faites en Assyrie, dans l'Asie Mineure et dans l'Afrique française, valurent à la France des objets d'art que l'on rassembla, et dont le nombre n'a cessé de croître, une fois que l'impulsion a été donnée.

Transformé, le musée de marine comprit quatre grandes salles.

L'érection de l'obélisque de Louqsor sur la place de la Concorde a été presque un événement; elle se fit sous la direction de l'architecte Hippolyte Lebas, « aux acclamations d'un peuple immense ». L'inscription dit vrai.

L'ouverture du Musée de Versailles, consacré à « toutes les gloires de la France », mit tous les partis d'accord. C'était l'œuvre personnelle de Louis-Philippe. Ce musée donnait à l'histoire, par la peinture et la sculpture, des formes tangibles.

Comme nous l'avons critiqué, au point de vue de l'art!

Pourtant, l'idée est bonne : elle nous a habitués à restaurer les choses du passé, sans avoir peur des emblèmes d'un autre temps, sans dénier les grandeurs des générations précédentes. Le drapeau blanc et les fleurs de lis s'y trouvaient en compagnie du drapeau tricolore et du bonnet rouge.

XXXI

Eux aussi, les musiciens formaient des groupes séparés par des barrières infranchissables.

Il y avait en musique une école classique et une école romantique. Ceux qui composaient de la même façon que leurs maîtres ne produisaient, prétendions-nous, que des œuvres ennuyeuses ou des flonflons méprisables.

Point de phrases carrées, ni d'airs développés, ni de récitatifs à l'italienne! On voulait que la musique rendît des pensées philosophiques. Sous le faux prétexte que les mélodies devenaient facilement des formules, on les remplaçait par des motifs baroques, déclarés seuls originaux; et déjà les instrumentistes s'efforçaient de faire des tours de force, d'inventer, pour leur usage et leur triomphe personnel, des morceaux injouables par le vulgaire bourgeois.

Les musiciens « cherchaient » beaucoup, pour

se garer du *poncif*, et il convient d'avouer que plusieurs « trouvaient ».

S'il m'est permis d'aborder ce sujet spécial, c'est simplement comme amateur, quoique j'aie pianoté pendant un demi-siècle, avec plaisir pour moi, en persécutant mes voisins.

J'ignore si je me trompe, en face des hommes compétents, mais j'imagine que de cette lutte confuse il s'est dégagé un progrès indéniable, soit dans le genre dramatique, soit dans le genre symphonique, et que nos musiciens contemporains ont puisé des inspirations vraiment nouvelles dans la poésie vibrante qui se manifestait autour d'eux, dans le goût de la couleur locale, dans la vulgarisation, parmi nous, des créations étrangères.

Loin de moi la pensée d'énumérer les représentants de la musique de l'époque, en examinant leurs productions nombreuses. Un gros volume n'y suffirait pas. Mais comment ne pas faire remarquer que, si Rossini terminait la période active de sa vie en 1829 avec *Guillaume Tell*, chef-d'œuvre qui n'attira pas la foule, Auber commençait la série de ses succès, depuis un an déjà, avec la *Muette de Portici*?

A Bruxelles, le 25 août 1830, les habitants coururent aux armes, après avoir entendu le duo : *Amour sacré de la patrie*. Auber! quoi!

l'auteur futur du *Philtre*, de l'*Ambassadrice* et du *Domino noir*, écrivit de la musique aux sons de laquelle s'accomplit la révolution belge!

On accusait Rossini de faire trop de bruit, et une caricature le surnommait *Tambourrossini*. Les amateurs d'ariettes n'admettaient que ses œuvres bouffes, dans lesquelles il était passé maître; que le *Barbier de Séville*, *Cenerentola*, et à peine la *Gazza ladra*, cette brillante inspiration sur le mélodrame de la *Pie voleuse!*

Par sa *Vie de Rossini*, deux volumes publiés en 1824, Stendhal avait puissamment contribué à nous faire connaître celui qu'on a qualifié le « Cygne de Pesaro. » Stendhal, quoi qu'il ait prétendu, n'avait pas connu personnellement Rossini. Depuis ce moment, l'illustre compositeur n'a jamais voulu lire les notices écrites sur lui, à l'exception toutefois de celle que M. Antonio Zanolini, ancien membre du gouvernement provisoire de l'Italie en 1831, a publiée il y a quelques années.

Les anecdotes pleuvaient sur Rossini, sur ses bonnes fortunes à la Casanova, sur la rapidité avec laquelle il travaillait. On racontait que, parfois, il composait sans connaître les paroles, qu'il faisait des introductions pendant que l'auteur faisait son livret, qu'il lui était arrivé d'écrire des morceaux dans une arrière-boutique de son éditeur, ou en attendant le riz.

Dans son *Guillaume Tell*, il tenait à montrer aux Français « qu'il comprenait un peu la musique. »

Au Théâtre-Italien, combien de soirées délicieuses il nous a procurées ! Quelle large place il a tenue dans le répertoire !

Et cependant le peintre Ingres disait, en parlant de certaines œuvres du maestro : « C'est la musique d'un malhonnête homme ! »

A sa suite apparurent Bellini et Donizetti.

Bellini savait émouvoir par la mélodie, malgré son harmonie incorrecte et sa faible instrumentation.

Un soir que nous assistions à une représentation de la *Sonnambula*, en entendant le finale du premier acte, Théophile Gautier, les yeux humides, nous dit avec enthousiasme :

« — Eh ! eh ! Il me semble que nous pleurons ! »

Nous pleurions, en effet, à l'audition de cette musique pathétique, rehaussée encore dans *Norma*.

Plus scéniques étaient les partitions de Donizetti, dont la facilité égalait, surpassait peut-être celle de Rossini, et qui a composé une soixantaine d'opéras. *Lucia de Lamermoor*, son chef-d'œuvre, excitait des transports d'admiration dans toute l'Europe.

Aujourd'hui, les *purs* ne peuvent entendre parler de Bellini, de Donizetti, voire de Rossini, sans hausser les épaules, tant la mélodie est pour eux chose banale, tant la peur d'écrire d'une manière claire et naturelle les porte à forcer les détails harmoniques, au détriment du chant, tant ils exècrent les vocalises.

En composant *Robert le Diable*, qui fut représenté à l'Opéra le 22 novembre 1831, Meyerbeer établit une alliance intime de l'harmonie avec la mélodie, de la profondeur allemande avec le brio italien.

Nous avons eu la bonne fortune d'entendre cette partition interprétée par Nourrit, Levasseur, Dabadie et Mlle Dorus (plus tard, Mme Dorus-Gras); nous avons eu la fleur d'une œuvre qui, malgré ses beautés, a vieilli beaucoup, surtout quand on la compare aux autres opéras de Meyerbeer, — aux *Huguenots*, au *Prophète*, où éclatent merveilleusement les passions tumultueuses de l'âme.

Meyerbeer commença la fortune de l'Opéra, l'ère des grosses recettes, mais aussi des mises en scène splendides auxquelles le public s'est accoutumé.

On pourrait dire qu'il a composé de la musique historique, tant son style rend fidèlement les caractères des personnages d'un lieu et d'une époque. Les types de Bertram, de Marcel et de Fidès ont un cachet à la fois historique et local. Évidemment, celui qui les a créés ne livrait rien au hasard, et appelait la science au secours de son imagination.

Les opéras de Meyerbeer, après *Robert le Diable*, n'ont pas immédiatement subjugué le public. Aussi, les amis du compositeur et le compositeur lui-même avaient eu raison de « préparer leur venue, » au moyen de gracieusetés faites aux journalistes et aux amateurs de la musique savante. En ces circonstances, le génie avait pour appui une grande fortune. Non seulement Meyerbeer pouvait recevoir beaucoup d'amis, mais il pouvait travailler à ses heures, faire attendre longtemps, très longtemps ses partitions, ce qui était loin de nuire à l'effet de leur apparition dans le monde artiste.

Par intérêt ou par amour-propre, Meyerbeer tenait singulièrement à ce que ses œuvres eussent un grand nombre de représentations.

Un jour d'émeute, alors qu'on se battait fort dans Paris, un de mes confrères rencontra dans la rue le factotum du maître.

« Quel malheur! s'écria mon confrère.

— Oh ! oui, répondit le factotum... On a affiché les *Huguenots*, et on ne les jouera pas ! »

Le compositeur Berton, l'auteur de *Montano et Stéphanie*, avait écrit, en 1829, un factum dédié à Boïeldieu, dans lequel il s'élevait contre la musique *mécanique* de Rossini. Boïeldieu ne partageait pas cette opinion, et il fut médiocrement flatté de la dédicace.

Soit par fatigue, soit par ennui, soit par paresse, le compositeur italien en qui Berton détestait un rival acclamé, cessa d'écrire ou à peu près, vers l'âge de trente-sept ans.

Rossini a dit, après *Guillaume Tell* :

« Un succès de plus n'ajouterait rien à ma renommée ; une chute pourrait y porter atteinte ; je n'ai pas besoin de l'un, et je ne veux pas m'exposer à l'autre. »

Meyerbeer et Halévy lui faisaient ombrage, outre qu'il boudait le gouvernement de 1830. Il disait, en partant pour l'Italie :

« Je reviendrai quand les Juifs auront fini leur sabbat. »

Il ne *revint* pas, mais Duprez rendit la vie à *Guillaume Tell*, abrégé et délaissé depuis quelques années.

Ce grand chanteur, à la voix pleine et large, aux accents pénétrants, succéda à Adolphe

Nourrit, qui s'était retiré devant lui, malgré nos instances pressantes.

Les débuts de Duprez, dans le rôle d'Arnold, ont laissé des souvenirs profonds. Quelle soirée ! quelle salle impatiente ! Nous, qui étions les partisans, les amis de Nourrit, qui lui avions jeté des fleurs lors de ses dernières représentations, nous brûlions du désir de siffler le nouveau ténor, et nous le déclarions bien téméraire d'oser remplacer celui dont la belle et expressive figure, dont l'entrain et les élans nous ravissaient naguère.

On voyait les habitués de la « loge infernale » — Véron, Malitourne, de Boignes, Émile de Girardin, Chégaray, etc. — s'agiter démesurément, prêts à user de leur grande influence contre Duprez.

L'ouverture s'achève, et le public applaudit avec mollesse. L'apparition du ténor, petit, tout en poitrine, à figure moins que poétique, produit un froid dans le parterre. De légers *chut!* se font entendre, avant qu'Arnold ait accentué son premier récitatif d'une façon magistrale. Les auditeurs hésitent ; mais des bravos éclatent déjà, se renouvellent peu à peu, soit pour les duos avec Mathilde, soit dans le trio avec Guillaume et Melchtal. Enfin, la salle entière est gagnée au débutant, lorsqu'il chante le morceau : *Asile héréditaire*, la perle de son écrin.

L'ut de poitrine ajoute au mérite de la diction lyrique. Le public s'enthousiasme, se lève sur les banquettes, acclame Duprez et le porte aux nues.

Nous-mêmes, oubliant nos projets hostiles, nous applaudissons à outrance. Le chanteur triomphe, — et la loge infernale lui dépêche un ambassadeur pour le féliciter.

Duprez a débuté en 1837; il a quitté l'Opéra après des créations assez rares, après des succès éclatants. Sa venue fait époque dans l'histoire du chant; elle date aussi comme origine des gros appointements. « Quel gouffre que ces ténors! disait-on déjà. Guizot a soixante mille francs pour *sauver* la France, et Duprez tout autant pour *sauver* l'Opéra ».

Alors dansait Marie Taglioni, la sylphide des sylphides, dont Méry, Delacroix, Alexandre Dumas, et vingt autres artistes ou écrivains remplissaient le petit salon, rue de la Grange-Batelière.

Alors dansait Fanny Elsler, la ravissante gitana, dont le sculpteur Dantan fit la statuette et dont les pas de caractère — boléros, fandangos et cachuchas — excitaient l'imagination des spectateurs, comme la poésie aérienne de Taglioni causait les douces extases.

Le ballet ne plaisait plus seulement aux vieux

blasés ; la muse de la danse charmait l'élite des écrivains, et Théophile Gauthier n'allait pas tarder à composer *Giselle* et la *Péri* pour Carlotta Grisi. En revanche, le foyer des danseuses ressemblait trop à un rendez-vous de riches étrangers, — j'allais dire à un harem.

Marie Taglioni donna sa démission deux mois après Nourrit, qui se tua à Naples, en 1839. Le personnel de l'Opéra se renouvela en partie.

La *Esmeralda*, de Mlle Bertin, et *Stradella*, de Niedermeyer, ne réussirent pas, malgré le talent de Nourrit, de Levasseur, de Massol et de Mlle Falcon. Il y eut crise dans la direction du théâtre.

« Monter un nouvel opéra, » cela exigeait de fortes dépenses ; la direction essaya des reprises de partitions de Gluck, de Sacchini, et d'autres maîtres. Le *Don Juan* de Mozart résista seul, et faiblement encore, aux goûts du jour.

Spontini était coupable de poncif, disait-on, dans la *Vestale* et *Fernand Cortez*, dont on ne voulait plus ; Cherubini ne comptait que bien peu, au point de vue de la composition dramatique. Lesueur ne semblait remarquable que par sa musique d'église, et Méhul ne charmait les dilettantes que par sa belle et onctueuse partition de *Joseph*, où le vieux Ponchard excella jusqu'à la fin de sa carrière.

Suivant le mouvement dramatique imprimé à

l'art musical par l'illustre Berlinois, Fromental Halévy, jeune encore, composait la *Juive*, où brillèrent Nourrit et Levasseur, Mmes Falcon et Dorus. Le succès de cet opéra fut complet, et il devait être durable. Bientôt Halévy, dont l'inspiration mélodique manquait parfois de distinction, s'avisa de contourner ses phrases pour les rendre moins vulgaires. Exemples : *Quand de la nuit l'épais nuage*, etc., de l'*Éclair*, et *Pendant la fête une inconnue*, etc., de *Guido et Ginevra*.

Quoi qu'il fît, et cela prouve la valeur intrinsèque de sa musique, Halévy écrivait nombre de morceaux redits par les orgues de Barbarie, et, conséquemment, populaires.

L'orgue de Barbarie avait encore un rôle considérable dans la renommée des compositeurs. On prétendait, de mon temps, que plusieurs d'entre eux rêvaient ce succès, au point de le payer, afin de rivaliser avec les romances de Bérat, de Masini, de Loïsa Puget, d'Hippolyte Monpou.

Ce dernier n'avait pas besoin de recourir à ces moyens corrupteurs. Son air *Adieu, mon beau navire!* tiré de l'opéra *Les deux Reines*, retentit à tous les coins de rues comme l'*Andalouse* et le *Fou de Tolède*.

Les savants en musique ne voyaient dans Monpou qu'un faiseur de romances tapageuses, et lorsqu'il aborda le théâtre, ils le critiquèrent amèrement.

De quel droit ce petit compositeur qui chantait souvent lui-même ses mélodies dans les salons, ce fantaisiste de la musique essayait-il de marcher sur les traces de Boieldieu, d'Hérold et d'Auber ?

Hippolyte Monpou laissa dire, écrivit le *Luthier de Vienne* (1836), où la délicieuse Cinti-Damoreau obtint un succès immense en chantant la *Ballade du vieux chasseur,* que nous répétions dans les ateliers d'artistes, et qui devint populaire. Il progressa d'année en année, et ne commit presque plus d'incorrections, tout en conservant son individualité accentuée. Peut-être fût-il arrivé au rang de nos meilleurs compositeurs, si la mort ne l'avait prématurément enlevé à l'âge de trente-sept ans.

Monpou laissa inachevé *Lambert Simnel,* qu'Adolphe Adam termina, et qui produisit de l'effet.

« A la bonne heure ! s'écrièrent-ils ; on voit qu'un musicien habile a passé par là. »

Ce n'étaient pas seulement Alfred de Musset, Alexandre Dumas, Victor Hugo et Frédéric Soulié qui inspiraient l'auteur applaudi de *Piquillo.* Il avait des bizarreries d'esprit inimaginables ; il avait mis en musique un chapitre des *Paroles d'un Croyant,* prose de Lamennais, et la dernière scène d'*Othello*, traduit en vers par de Vigny, — deux tâches au-dessus de ses forces.

J'ai connu Hippolyte Monpou, lorsqu'il habitait une jolie petite maison à Sceaux, dans un endroit qu'on nomme la Glacière. Maison peinte en rose, avec des bandelettes de glycine qui lui donnaient un aspect poétique ; de même que la maison du poète Henri Delatouche, à Aulnay, près de la Vallée aux Loups, illustrée par le séjour de Chateaubriand, ressemblait, avec sa carapace de lierre, à une touffe de verdure presque impénétrable.

Dans son gracieux réduit ensoleillé, Monpou recevait de nombreux amis et quelques voisins.

Une idée étrange lui vint un jour : il imagina de placer des violonistes dans la musique de la garde nationale, dans la légion de banlieue à laquelle il appartenait.

« Il ne s'agit pas de musique guerrière, remarquait-il ; s'il était possible, j'y introduirais des violoncelles et des contre-basses. »

Élève de Choron, dans l'institution duquel il avait rempli ensuite les fonctions de professeur d'accompagnement, après avoir été organiste à Tours, Monpou possédait très peu de voix mais beaucoup de verve.

A ce nom de Choron, j'ouvre une parenthèse.

Choron, *musicographe français*, lisons-nous dans les biographies.

Il a fait bien plus : — il a popularisé en France le goût de la bonne musique ; il a fondé une école de musique classique et religieuse sous la Restauration. Après avoir parcouru toute la France à pied pour remplir l'office de commis-voyageur en quête des plus belles voix de basse et de ténor, il a admis parmi ses élèves des externes pris dans les écoles de charité.

L'établissement de Choron était situé à Paris, rue de Vaugirard. Il fut une féconde pépinière de vrais artistes. Choron eut, plus tard, l'insigne honneur de découvrir et de secourir, le premier, Mlle Rachel.

Il aimait passionnément Adolphe Nourrit qui, disait-il, « recommençait son père. »

Les événements de 1830 ruinèrent sa fondation, altérèrent sa santé ; il mourut quatre années après, non sans avoir prouvé son mérite comme artiste et comme théoricien, non sans avoir formé de brillants élèves dans les diverses branches de l'art musical.

Outre Monpou, je cite le chanteur Duprez qui, à force de travailler, d'agrandir le « filet de voix » dont la nature l'avait chichement doué, a été une des gloires de l'Opéra. Je cite Adrien de La Fage, Nicou-Choron, Wartel, Boulanger-Kuntzé ;

Mme Stoltz, la première *Favorite*, et Mme Hébert-Massy, la première *Nicette* du *Pré aux Clercs*.

Adolphe Adam, qui acheva le *Lambert Simnel* de Monpou « avec une délicatesse discrète, une conscience et une piété d'artiste, qui faisaient honneur à son talent et à son cœur » comme l'a constaté Théophile Gautier, était déjà un compositeur célèbre, populaire à cause du *Chalet*, dont plusieurs airs couraient les rues; à cause du *Postillon de Lonjumeau*, où le chanteur Chollet enlevait depuis plusieurs années les applaudissements des amateurs de l'Opéra-Comique.

Nous ne prisions pas toujours à leur juste valeur les partitions d'Adolphe Adam, mais ses improvisations au piano, dans un salon, entre amis, nous réjouissaient extraordinairement.

On s'amusait à l'entendre, lorsque, prenant un journal et le plaçant sous ses yeux, il traduisait musicalement une séance de la Chambre des députés, par exemple. Avec une finesse d'esprit sans égale, il rendait l'effet des *murmures*, des *Très bien*, des *Aux voix*, et surtout des *longues agitations*. Le pizzicato signifiait *l'interruption* d'une manière irréprochable et le trémolo nous rappelait les *mouvements divers*.

Un soir, chez Mme Mélanie Waldor, Adam obtint un succès de fou rire : Henri Murger se pâmait d'aise, et Paul Bataillard, futur gendre de la dame du lieu, s'amusait au point de ne pas regarder les admirables cheveux de sa fiancée.

Comme on est généralement porté à abuser, dans un salon, de la complaisance d'un artiste, peu s'en fallut que nous ne demandassions à l'auteur du *Chalet* une improvisation à jet continu sur le journal entier.

L'étoffe du musicien, chez Adolphe Adam, était doublée de l'étoffe d'un écrivain. Ses *Souvenirs* l'ont bien prouvé. Halévy se servait aussi très convenablement de la plume; Berlioz se consolait en faisant le feuilleton musical du *Journal des Débats*, des amertumes que lui causait sa situation de compositeur incompris.

Hector Berlioz, soit pour ses symphonies, soit pour ses ouvertures, livrait de véritables combats dans lesquels il était obligé de se rendre, — avec les honneurs de la guerre. La *Symphonie fantastique*, celle de *Roméo et Juliette*, ainsi que la *Damnation de Faust* et l'*Enfance du Christ*, nous coûtèrent autant de peine pour les soutenir que les drames de Victor Hugo, et elles n'eurent pas le même sort, car il fallut vingt années au moins d'intervalle entre leur apparition et leur reprise dans nos concerts populaires, pour qu'elles obtinssent un succès ressemblant à de l'engouement.

Que de mal se donnaient Berlioz et son *paro-*

lier, Émile Deschamps, afin d'organiser l'audition d'une de leurs œuvres !

« Venez ! Berlioz vous en supplie, » me disait Émile Deschamps en me donnant des billets pour la *Symphonie d'Harold*.

Berlioz recrutait des violons par-ci, des cuivres par-là, un choriste à l'Opéra pour chanter un solo, un élève ténor du Conservatoire, un chantre à Saint-Roch, etc., et, l'heure étant venue d'affronter le public, il montait sur l'estrade, et dirigeait lui-même l'orchestre, en lui communiquant un enthousiasme endiablé.

Les auditeurs applaudissaient d'autant plus qu'ils étaient moins nombreux ; mais d'argent, pas l'ombre. Succès en famille d'amateurs, même après que Paganini eut accompli un acte de générosité insigne à l'égard de Berlioz : vingt mille francs pour « l'égal de Beethoven, » devant lequel s'était prosterné ce violoniste à surprises.

L'auteur des *Soirées de l'orchestre* alla chercher la gloire en Italie, en Allemagne, en Russie. Il ne ne la conquit en France que lorsqu'il eut fermé les yeux.

Ingres regardait Berlioz comme « un musicien abominable, un monstre, un brigand, un antechrist. »

Peu importait. Hector Berlioz ne se détourna

pas de son chemin, et organisa de grandes exécutions musicales. Il employa pour la première fois à Paris, sur les affiches, le mot de *festival*.

« Ce mot, a-t-il écrit, est devenu le titre banal des plus grotesques exhibitions : nous avons maintenant des festivals de danse et de musique dans les moindres guinguettes, avec trois violons, une grosse caisse et deux cornets à pistons. »

Depuis Berlioz, néanmoins, de vrais et beaux festivals se sont organisés. L'honneur de l'initiative lui en revient tout entier.

Chez nous, les mérites de la symphonie ne frappaient que peu de personnes. A peine savait-on goûter les œuvres de Bach, de Haydn et de Mozart, sous le rapport de la musique instrumentale. Il est vrai qu'on ne pouvait en entendre que rarement, au Conservatoire et dans quelques concerts spirituels.

Beethoven, le plus grand des symphonistes, était en possession de toute sa renommée chez les Allemands, à l'époque où les Français le connaissaient seulement de nom. Nous étions fort arriérés, mais non incapables de le comprendre : il nous fallait un initiateur, et cet initiateur, — chose singulière, — fut un homme qui faisait la guerre à Berlioz.

Directeur des concerts organisés par les violonistes lauréats du Conservatoire, François Habeneck fit entendre pour la première fois la première symphonie (en *ut*) de Beethoven ; directeur des concerts spirituels de l'Opéra, il continua de faire connaître les œuvres du géant de la symphonie à un petit nombre d'amateurs. « Il risqua de temps à autre, dit Théophile Gautier, quelques-unes des plus *intelligibles* symphonies de Beethoven, qu'on trouvait barbares, sauvages, délirantes, inexécutables, bien qu'on les jouât, et que les classiques d'alors prétendaient n'être pas plus de la musique que les vers de Victor Hugo n'étaient de la poésie, et les tableaux d'Eugène Delacroix de la peinture. »

Enfin, au commencement de 1828, lors de la fondation d'une nouvelle société des concerts du Conservatoire, Habeneck fut récompensé de sa persévérance. Beethoven triompha, grâce à sa chaleur et à son énergie. Les récalcitrants de 1828 se déclaraient exclusivement admirateurs du maître, en 1850, au Conservatoire.

Tout en remerciant Habeneck d'avoir importé chez nous les chefs-d'œuvre de Beethoven, un de mes amis, Ernest Alby, de la *France littéraire*, plaisanta sur le chef d'orchestre voulant devenir directeur de notre École royale de musique en 1840, à la place de Cherubini.

Il lui reprochait un défaut énorme, — prendre

du tabac. « Exemple : M. Habeneck Ier est devant son pupitre à l'Opéra. Les hommes chantent, courons. — Les filles, dansons. — Les garçons, aimons. — Les femmes, pleurons. — Les vieillards, buvons. — Les voleurs, cherchons, etc. — Pendant ce temps, M. Habeneck Ier veut prendre une prise de tabac ; le chœur chante toujours, l'orchestre continue ses accompagnements. Le chef pose son violon ; puis il place son archet près du trou du souffleur, il cherche sa tabatière dans la poche de son habit, et il ne la trouve, après de nombreux tâtonnements, que dans son gilet ; il ouvre alors sa tabatière, puise du tabac, présente la prise à son nez, la renifle bruyamment (sapristi ! le tabac est sec, hum ! hum !) pince ses narines, ferme sa tabatière, la remet dans sa poche, reprend son violon, ramasse son archet et soudain bat le premier temps de la mesure lorsque les symphonistes en sont au troisième. Vous le voyez, la tabatière est incompatible avec les fonctions de chef d'orchestre. »

« Au demeurant, ajoutait Ernest Alby, M. Habeneck Ier ne manque pas de talent... »

La prise de tabac d'Habeneck me remet en mémoire cette anecdote racontée par M. Berlioz, à propos d'une exécution de son *Requiem* aux Invalides.

« Par suite de ma méfiance habituelle, écrit

Berlioz, j'étais resté derrière Habeneck et, lui tournant le dos, je surveillais le groupe des timbaliers, qu'il ne pouvait pas voir, le moment approchant où ils allaient prendre part à la mêlée générale. Il y a peut-être mille mesures dans mon *Requiem*. Précisément sur celle où le mouvement s'élargit, celle où les instruments de cuivre lancent leur terrible fanfare, sur la mesure *unique* enfin dans laquelle l'action du chef d'orchestre est absolument indispensable, Habeneck *baisse son bâton, tire tranquillement sa tabatière et se met à prendre une prise de tabac*. J'avais toujours l'œil de son côté; à l'instant je pivote rapidement sur un talon, et m'élançant devant lui, j'étends mon bras et je marque les quatre grands temps du nouveau mouvement. Les orchestres me suivent, tout part en ordre, je conduis le morceau jusqu'à la fin, et l'effet que que j'avais rêvé est produit. »

XXXII

Il est certain que chez nous, la musique doit beaucoup à la génération de 1830, qui n'a cessé d'agrandir le domaine de cet art.

En parlant de la musique et des musiciens, je me suis ménagé une transition toute naturelle pour parler du mélomane Augustin Thierry, dont l'érudit Guigniaut a dit :

« Il fut un héros, un martyr, un saint de la science, si la science avait des saints. »

L'auteur des *Récits mérovingiens* a écrit : « Aveugle et souffrant sans espoir et presque sans relâche, je puis rendre ce témoignage qui de ma part ne sera pas suspect : il y a au monde quelque chose qui vaut mieux que les jouissances matérielles, mieux que la fortune, mieux que la santé même, c'est le dévouement à la science. »

Augustin Thierry, qui reçut alors le surnom d'*Homère de l'histoire*, et son frère Amédée, dont les travaux sur la Gaule avaient déjà assuré la réputation, appartenaient, avant juillet 1830, au parti libéral. Après cette époque, ils s'étaient adoucis : ils voulaient « un gouvernement quelconque, avec la plus grande somme possible de garanties individuelles et le moins possible d'action administrative »; et ils croyaient que le gouvernement du *roi bourgeois* se rapprocherait de leur idéal.

Leur talent, d'ailleurs, celui d'Augustin principalement, touchait à l'École littéraire nouvelle par bien des côtés, sans ressembler aux dissertations historico-philosophiques de Guizot, aux appréciations politiques de Thiers, à la verve précise de Mignet, à la fougue coloriste de Michelet.

Augustin Thierry, ancien secrétaire du socialiste Saint-Simon, dont il s'était proclamé « le fils adoptif », appelait Walter Scott un « grand maître en fait de divination historique »; sous les yeux de Fauriel, qui publiait avec tant de succès et les *Chants populaires de la Grèce moderne* et l'*Histoire de la Gaule méridionale*, il écrivit l'*Histoire de la conquête de l'Angleterre*, en mettant à profit la naïveté des chroniques et des légendes ; « il planta pour la France le drapeau de la réforme historique » en composant ses *Lettres sur l'histoire de France*.

Chateaubriand « demandait la première place parmi ses admirateurs » et s'appuyait de son autorité dans ses *Études historiques.*

Pour moi, Augustin Thierry était un artiste, un artiste qui me réconciliait avec l'histoire telle que Poirson, Caïx et Desmichels l'avaient enseignée dans les chaires de collège; avec l'histoire hérissée de dates et de synchronismes, muse revêche, n'ayant pas le plus petit mot pour charmer, justifiant trop son nom de Clio, compagne affolée de Mnémosyne, muse de la Mémoire.

Non seulement Augustin Thierry était aveugle, mais il était paralytique au moment où son médecin, M. le docteur Graugnard, me présenta à lui.

Il habitait, dans la rue du Mont-Parnasse, non loin de la maison où est mort Sainte-Beuve, une maison où la princesse de Belgiojoso lui avait offert la plus charmante hospitalité, — appartement commode, bon air, jardins ombreux.

Mme de Belgiojoso était connue de l'Europe entière.

Au Salon de peinture de 1844, un portrait fait par Henri Lehmann, plus tard membre de l'Académie des beaux-arts, et mort aujourd'hui, attirait vivement la curiosité du public.

C'était le portrait de la princesse de Belgiojoso.

Or, l'artiste avait donné à son œuvre une couleur tellement jaune, tellement verdâtre aussi, que l'on ne manqua pas de lancer des plaisanteries contre sa peinture lymphatique.

On racontait, notamment, qu'en voyant l'image de la princesse de Belgiojoso, un compatriote de la célèbre Italienne avait bien vite couru à son hôtel pour s'enquérir de sa santé.

Henri Lehmann, observaient plusieurs critiques, avait calomnié la princesse de Belgiojoso, jeune, belle et charmante. Il lui avait attribué un charme funèbre, une beauté sentant la tombe, une jeunesse sans fleur. En un mot, la vue du portrait de la princesse effrayait presque et pouvait faire croire que l'original allait bientôt rendre l'âme.

Mme de Belgiojoso n'avait pourtant que trente-six ans, et, malgré son apparence de phtisique, elle devait atteindre sa soixante-deuxième année.

Donc, elle s'était efforcée de créer à Augustin Thierry une résidence presque champêtre dans Paris.

S'il ne voyait pas ces douces choses, il en ressentait, du moins, la salutaire influence.

A des intervalles assez rapprochés, on faisait de la musique chez lui, de la bonne musique de chambre. Des instrumentistes distingués s'empressaient de venir procurer à l'historien la seule distraction qu'il lui fût permis de goûter.

Augustin Thierry ne voyait pas... il entendait;

il entendait de manière à parfaitement saisir toutes les délicatesses contenues aux œuvres de Haydn, de Mozart, de Beethoven et de Mendelssohn, et c'était plaisir d'applaudir avec lui les exécutants.

Je rencontrais, dans l'habitation de la rue du Mont-Parnasse, un groupe de savants et d'artistes. C'était Ary Scheffer, qui a fait le portrait de l'hôte sympathique; c'était Mignet, alors directeur des archives au ministère des affaires étrangères; c'était Henri Martin, publiant la première édition de son *Histoire de France*, destinée à obtenir le prix Gobert, aussitôt qu'arriverait la mort de l'auteur des *Récits mérovingiens*, car l'Académie maintint le prix à Augustin Thierry pendant un bon nombre d'années.

La société qui se rassemblait là était spéciale, sérieuse, dévouée; elle n'avait qu'un but : rendre hommage à l'artiste historien, et lui faire oublier, pendant quelques heures, ses infirmités cruelles.

En vérité, il y avait quelque chose de touchant dans cet empressement de chacun à distraire Augustin Thierry.

Il s'intéressait tout particulièrement à un très jeune pianiste, et afin de le *produire*, un concert fut organisé dans le jardin de Mabille, resplendissant de lumières et de fleurs.

Disons, en passant, que le bal Mabille fut une des curiosités du temps, une *Grande-Chaumière* de la rive droite, où les étrangers venaient faire connaissance avec des illustrations chorégraphiques d'un genre ultra-léger, parmi lesquelles nous citerons Chicard, Pomaré, Mogador, Rose Pompon et Rigolboche.

Les jeunes gens du commerce, des deux sexes, s'y donnaient rendez-vous, et dansaient en posant pour la galerie, aux risques de se voir appréhender au corps par les gardes municipaux. Charmant, coquet endroit, d'ailleurs fréquenté par nombre d'individus qui, plus tard, n'avouaient pas volontiers leurs prouesses devant l'excellent orchestre de Mabille. Paradis pour le monde interlope, paradis aujourd'hui fermé, détruit, n'existant plus que dans les souvenirs.

Mais, lorsque Augustin Thierry nous convia chez Mabille, nous étions, pour ainsi dire, en famille, et l'on n'était admis que sur invitation personnelle.

Autour du jeune pianiste se trouvaient quelques virtuoses, violonistes et violoncellistes; et une foule d'amateurs se pressaient dans l'enceinte où ces artistes se faisaient entendre.

Déjà un ou deux morceaux de musique avaient été exécutés, aux applaudissements de l'auditoire, lorsque tout à coup l'on vit les têtes se tourner du même côté, du côté où se produisait une très visible agitation.

Nous aperçûmes un bel Arabe, splendidement vêtu, portant haut la tête, et nullement effarouché par les regards braqués sur lui.

On lui fit place, on lui donna un fauteuil au premier rang, on le traita en grand personnage.

Effectivement, Bou-Maza était un fanatique, se prétendant envoyé de Dieu. Pendant qu'Ab-del-Kader s'était réfugié au Maroc, en 1845, il avait soulevé le Dahra contre la domination française. Bou-Maza s'était rendu prisonnier à Saint-Arnaud, avait été amené à Paris et interné aux Champs-Élysées dans un riche appartement situé près de l'hôtel de la princesse Belgiojoso.

Quand il fut assis, Bou-Maza devint le point de mire de toutes les dames. Il ressemblait à un conquérant environné de sa cour, et daignant accorder çà et là quelque attention à telle personne digne d'être choisie pour favorite.

Il n'y avait plus d'oreilles dans l'assistance, il n'y restait que des yeux. Et lui, le majestueux Africain, il apparut comme le vrai, l'unique virtuose. Un désarroi général s'établit parmi nous, et le concert, quelque remarquable qu'il fût, ne résista pas devant l'engouement des auditeurs pour le lion du désert, — qui n'allait pas tarder à être le lion de Paris....

Peu de jours après cette soirée artistique de Mabille, le bruit courut que Bou-Maza avait été « enlevé » par une grande dame de la haute société parisienne.

Bou-Maza était plus heureux que ne l'avait été Abd-el-Kader; il obtenait les faveurs du beau sexe.

Sans nous arrêter plus longtemps à une anecdote, jetons un coup d'œil sur les historiens contemporains, qui précédèrent ou suivirent Augustin Thierry.

XXXIII

Deux écoles historiques étaient en présence. L'ancienne, ayant encore de nombreux adeptes, se contentait de relater les faits sans les critiquer ; la nouvelle ajoutait aux descriptions des aperçus philosophiques. L'*Essai sur les mœurs*, de Voltaire, était de plus en plus goûté, de plus en plus imité par nos maîtres.

Quelques hommes tenaient des deux écoles, comme Villemain, dans son *Histoire de Cromwell*, comme Daunou, dans sa continuation de l'*Histoire littéraire de la France*, comme Dulaure, dans son *Histoire de Paris*, comme Lacretelle, Lemontey, Salvandy et le comte de Ségur.

D'autres s'inspiraient de l'Allemand Niebuhr et de l'Anglais Hallam, et donnaient plus d'essor à l'imagination et à la raison qu'à la narration analytique des faits.

Edgar Quinet, dans son Introduction aux *Idées*

sur *a philosophie de l'histoire de l'humanité*, par Herder, exposait un système synthétique, de même que Michelet, en traduisant la *Science nouvelle* de Vico, faisait rechercher par les esprits cultivés l'histoire générale de l'espèce humaine.

Ballanche nous lançait dans les abstractions historico-théosophiques, en publiant sa *Palingénésie sociale*. Le Genevois Sismondi, dont l'*Histoire des Français* paraissait depuis 1821, s'attachait plus à l'histoire de la nation qu'à la biographie des souverains, et travaillait pour terminer son œuvre essentiellement démocratique.

Alexis Monteil, préoccupé, avant tout, de nos mœurs et coutumes, indiquait une route fort intéressante pour pénétrer dans le passé, en écrivant l'*Histoire des Français des divers Etats*, aux cinq derniers siècles, et si son livre manquait de vues d'ensemble, il fourmillait de matériaux curieux.

A côté de ces dépositaires de la science historique, dont les travaux ont influé sur ceux de leurs successeurs, permettez-moi de dire un mot des hommes que j'appellerai les « irréguliers de l'histoire ».

Ils suivirent le courant, et quelquefois ils le précipitèrent. Plus d'un écrivain, plus d'un politique, plus d'un journaliste, plus d'un romancier, plus d'un poète, ont laissé des livres très remarquables d'histoire, sans pour cela figurer dans la pléiade des grands historiens.

Armand Carrel, qui commença par être le secrétaire d'Augustin Thierry, « son premier maître », n'était pas seulement un vigoureux publiciste, l'âme du journal *le National*. Son *Histoire de la Contre-Révolution en Angleterre* ne produisit qu'un médiocre effet; mais ses articles sur la guerre d'Espagne de 1823 émurent vivement le monde littéraire, et l'on ne douta pas de l'avenir du jeune écrivain.

Le marquis de Saint-Aulaire rédigeait une *Histoire de la Fronde* qui lui ouvrait les portes de l'Académie française, mais qui, il faut en convenir, était loin de valoir celle de *la France sous Louis XIII et le cardinal Mazarin*, par Bazin, couronnée par l'Institut et plaçant son auteur au rang des historiens distingués.

Prosper Mérimée, après le *Théâtre de Clara Gazul*, après *Colomba* et *Carmen*, publia d'excellentes *Études sur l'histoire romaine*, dans lesquelles il raconte avec un art parfait des détails qui sont le fruit de recherches précieuses.

Capefigue improvisa des publications historiques, où le style et la composition faisaient défaut, quoiqu'il lui fût permis de puiser dans les archives de l'État et de compulser une foule de documents diplomatiques.

Paul Lacroix (Bibliophile Jacob), qui s'était manifesté par des romans historiques où les détails de mœurs abondaient, s'adonna à l'histoire et à la littérature archéologique. Il fureta dans les recoins de nos annales, découvrit des curiosités, disserta sur des points controversés, et se distingua par un bon travail, en quatre volumes, *Histoire du seizième siècle en France*, qu'il publia en 1834, et qu'il a laissé inachevé. Les quatre volumes furent détruits dans un incendie de la rue du Pot-de-Fer.

Ce livre, écrit dans le système de de Barante, c'est-à-dire pour raconter et non pour prouver, pouvait nous faire croire que Paul Lacroix serait surtout un historien ; mais l'auteur de l'*Histoire de Soissons*, composée en collaboration avec Henri Martin, se complut à justifier son pseudonyme de *Bibliophile*.

L'*Histoire des ducs de Bourgogne* était une immense narration dans laquelle de Barante suivait une méthode opposée à celle de Daru, qui, dans son *Histoire de Venise*, discutait les documents sur lesquels il appuyait ses récits, et suivait la méthode dite *philosophique*.

Le poète Lamartine allait écrire la romanesque *Histoire des Girondins*, qui préluda à une révolu tion ; l'utopiste Louis Blanc allait écrire l'*Histoire de dix ans*, qui amoncelait les accusations contre Louis-Philippe, comme l'*Histoire des deux Restaurations*, par le libéral de Vaulabelle, retraça vigoureusement les fautes du gouvernement de Louis XVIII et de Charles X.

Pour l'histoire littéraire et critique, il faut citer Désiré Nisard, Patin, Saint-Marc-Girardin et Sainte-Beuve. Nos jeunes lettrés les consultent encore.

L'économie politique avait ses vulgarisateurs et ses historiens : Rossi, Michel Chevalier, de Tocqueville, Adolphe Blanqui, Frédéric Bastiat, Proudhon, — magnifique pléiade.

Chateaubriand, enfin, avec ses *Études historiques*, contribuait largement à développer le goût des recherches d'érudition, d'archéologie, de monographies diverses, et il donnait une belle forme littéraire aux produits de ses propres investigations. Plus d'arides chronologies, ni de lieux communs perpétués. Châteaubriand recommandait de puiser aux sources et de suivre les principes de l'école moderne, aidée d'ailleurs par la réimpression d'une foule de *Mémoires*, par la collection Guizot, par celle de Michaud, auteur de l'*Histoire des Croisades*, par celle de Buchon, par celle de Petitot, et, sur la Révolution française, par la collection Barrière, fort incomplète sans doute, mais présentant un ensemble assez considérable. Les compilations se succédèrent.

Sous l'influence de l'auteur de l'*Itinéraire de Paris à Jérusalem,* encore, les voyages prirent une valeur nouvelle ; on ne se contenta pas de décrire les paysages et de raconter les aventures personnelles : on étudia le passé comme le présent des peuples que l'on visitait, on étudia leurs goûts et leurs mœurs, et il en ressortit un grand avantage autant pour la géographie que pour l'histoire ; on s'habitua aux détails de la vie des nations ; en un mot, on rendit les lecteurs friands du pittoresque, non seulement en gravures, mais aussi en curiosités biographiques, anecdotiques et morales.

Je vous ai dit que la vue du musée de la Révolution du lieutenant-colonel Maurin avait fait de moi un historien ; la fréquentation d'Augustin Thierry et de Henri Martin acheva de me donner la vocation, si je puis m'exprimer ainsi, et, dès le jour où je recueillis mes premières notes, dans la Bibliothèque de l'Arsenal, pour travailler à mes *Mémoires du peuple français,* je poursuivis un but peut-être trop difficile à atteindre, — composer un ouvrage qui complétât Alexis Monteil.

De 1834 à 1866, pendant trente-deux ans, j'entassai les matériaux, de telle sorte que, me servant des travaux de Legrand d'Aussi, de Monteil, de La Bédollière, laissant inachevées ses *Mœurs et vie privée des Français*, je tâchai d'exécuter, le mieux possible, une œuvre d'ensemble où l'histoire générale et succincte du pays vînt animer les menus détails et aider à leur intelligence.

Ce sera un éternel honneur pour la génération de 1830, que d'avoir ajouté aux récits de nos annales la forme et la couleur, ajoutées à la littérature des époques précédentes par l'école dite romantique, par Victor Hugo.

Le dix-huitième siècle nous avait donné les Dubos, les Mably, les Fréret; l'école historique moderne nous donna les Pétigny, les Le Huérou, les Gaissard, les Quicherat, les Guérard, qui, avec Guizot, étudièrent les institutions sociales et politiques de la France, depuis les origines jusqu'à nos jours, ou fournirent à la science les matériaux les plus précieux.

Le gouvernement, suivant le courant des études nouvelles, et sous l'impulsion de Guizot, commença la *Collection des documents inédits de l'Histoire de France*, publication sans limites, puisque d'importantes recherches ne cessent d'augmenter le nombre de ses volumes.

Que resterait-il de beaucoup d'hommes politiques, s'ils n'avaient pas, quelquefois, abordé l'histoire? Guizot historien a fait pardonner à Guizot ministre.

Jules Michelet, enfin, alliant le fond à la forme, la poésie à la science, l'imagination à la philosophie, mérita et conquit une renommée européenne, écrivit des pages admirables, sculpta en bronze des personnages jusqu'alors méconnus, et sut caractériser parfois en quelques mots éloquents telle ou telle époque très confuse.

Jules Michelet ne pourrait-il pas être surnommé le Victor Hugo de l'histoire?

Comme Victor Hugo, il passionnait la jeunesse; pour ma part, je puisai dans ses livres un immense désir, non pas d'imiter cet écrivain inimitable, mais de retracer la vie du peuple, ses splendeurs et ses misères, ses audaces et ses faiblesses, sans oublier ce qui touche à ses coutumes civiles et privées, à ses habitations, à ses vêtements, à ses façons de vivre, etc.

Lorsque, plus tard, je voyais Jules Michelet à la Bibliothèque Sainte-Geneviève, où il se rencontrait parfois avec Henri Martin, il me suffisait d'échanger quelques paroles avec le premier, merveilleux artiste, avec le second, consciencieux fouilleur, pour me sentir inspiré, et surtout décidé à poursuivre avec persévérance mon travail commencé.

Edgar Quinet avait participé à la révolte romantique; son poème d'*Ahasverus*, publié vers 1833, nous avait plu autant par l'étrangeté que par le germanisme des pensées, que par le mysticisme dont il était empreint, et qui déborda, peu d'années après, dans les poèmes de *Napoléon* et de *Prométhée*. Edgar Quinet, historien, professeur, devait bientôt mêler la rêverie à la politique, pratiquer l'enseignement révolutionnaire, et pousser plus loin que son ami Jules Michelet les ardeurs de la lutte en faveur de la République.

Michelet, élève du collège Charlemagne, avait eu pour professeurs Villemain et Victor Leclerc. C'était un enfant de Paris, dont les succès universitaires présageaient le bel avenir. Il a raconté que, après la lecture d'un devoir qui lui avait plu, Villemain descendit de sa chaire et vint, « avec un mouvement de sensibilité charmante, s'asseoir sur son banc d'élève, à côté de lui ».

Au Collège de France, le poète polonais Adam Mickiewicz professa en 1840 la langue et la littérature. Il préconisait le *panslavisme* ou réunions de toutes les branches de la race slave sous le commandement de la Russie. Montalembert avait traduit, six ans auparavant, un livre de Mickiewicz, et George Sand applaudissait à ses idées presque toujours mystiques, quelquefois pleines d'excentricité. Nous l'avons souvent accablé de bravos dans sa chaire. Mais son cours parut dangereux : on l'interdit.

Mickiewicz cessa de professer en 1844, Quinet en 1846, Michelet à la fin de 1847. Leur silence forcé indigna la jeunesse. Ils gardèrent leur popularité, en écrivant au lieu de parler.

L'érudition transcendante se manifestait hautement par les travaux de Champollion, découvrant le sens des hiéroglyphes, faisant connaître l'Égypte à peu près ignorée jusque-là, et ouvrant le champ à nos égyptologues actuels ; Eugène Burnouf initiait la génération aux lois, aux mœurs, à la philosophie, à la littérature des peuples qui habitent sur les bords du Gange.

Les voyages entrepris aux frais de l'État, autour du monde ou en conséquence de missions scientifiques, firent que la géographie put prêter à l'histoire un appui nouveau. Les fouilles abondèrent sur le sol antique de l'Italie, sur celui de la Grèce, sur celui de l'Afrique septentrionale, sur celui de l'Asie Mineure et de la Palestine. Les vestiges matériels, autant que les livres, servirent à restituer le monde ancien. L'essor était donné ; la génération suivante devait aller plus loin encore.

Lorsque des historiens consciencieux étudiaient nos annales en exerçant sur les événements une critique saine et vigoureuse, des spéculateurs jouaient avec la crédulité du public.

Il y eut une inondation de *Mémoires*, de *Souvenirs*, de chroniques apocryphes. Sous le nom de *la Contemporaine*, le libraire Ladvocat publia un livre écrit, non par Ida Sainte-Elme, mais par Malitourne, Lesourd, Amédée Pichot, Charles Nodier, et autres auteurs plus obscurs. Les *Souvenirs de la marquise de Créquy*, parus de 1834 à 1836, étaient intéressants, spirituels, mais apocryphes. Les *Mémoires de Mme Du Barry*, attribués à Paul Lacroix (bibliophile) et à Lamothe-Langon, n'ont guère plus d'autorité que les *Chroniques de l'Œil-de-Bœuf*, par Touchard-Lafosse. Les *Mémoires de la marquise de Pompadour*, par René Perrin, sont supposés.

Nous nous plaignions avec raison de cette concurrence faite aux travaux des savants par des hommes qui sacrifiaient tout à la curiosité malsaine du public. Nous avons vu, depuis, bien d'autres productions risquées, licencieuses, même pornographiques.

J'ai cité des représentants du barreau; j'y ajoute ceux des représentants de l'éloquence sacrée, comme de l'éloquence parlementaire.

Des orateurs de la chaire attiraient dans les églises, par leur talent, non seulement les croyants, mais aussi les incrédules. Lacordaire, Ravignan, Cœur, Combalot, Dupanloup, et quelques autres prédicateurs, brillaient par des qualités diverses.

La jeunesse suivait assidûment les conférences de Lacordaire à Notre-Dame, — moins assidûment celles de Ravignan.

Lacordaire était poète; Ravignan, penseur et dialecticien.

Lorsque le premier commença ses belles oraisons, on voyait dans le banc-d'œuvre de Notre-Dame Châteaubriand, Berryer, plusieurs avocats en renom; l'auditoire comprenait une foule de notabilités appartenant à toutes les classes, et une foule d'étudiants.

La parole du prédicateur faisait impression, et nous ne détestions pas ses images tant soit peu romantiques, ses excursions sur le domaine des événements contemporains...

Entre autres effets improvisés par Lacordaire, je citerai celui qui fut déterminé, le 16 avril 1848, si je ne me trompe.

Une manifestation ouvrière se dirigeait vers l'Hôtel de Ville. Pendant que l'orateur parlait, un immense bruissement avait lieu sur le parvis Notre-Dame, et, dans l'église, les auditeurs semblaient éprouver quelque crainte.

Lacordaire s'en aperçut, et prononça à peu

près ces paroles, que je reproduis de mémoire :

« On a tort de redouter le peuple…. Ouvrez, ouvrez les portes du temple, et vous verrez qu'il respectera la maison de Dieu. »

Les portes furent ouvertes, ainsi qu'il le demandait, et la manifestation passa devant le portail, s'écoula sans envahir Notre-Dame, sans même troubler la prédication.

Le mouvement oratoire du conférencier religieux avait été vraiment magnifique. Jamais on ne mêla avec plus de bonheur l'action avec la parole.

Et pourtant Lacordaire ne réussit pas dans l'arène parlementaire. En 1848, il adopta les idées démocratiques.

« Vous n'êtes pas républicain de la veille », lui objectèrent des clubistes.

« Non, répondit-il, mais je le suis d'aujourd'hui, ce qui vaut mieux. »

Bientôt, devenu député, et siégeant sur les bancs de la Montagne, il comprit que sa place n'était pas à l'Assemblée constituante. Ses discours ne « portaient » point. Il donna sa démission à propos de l'émeute du 15 mai 1848.

Lacordaire eût mieux fait de décliner, tout d'abord, l'honneur d'être représentant du peuple; il eût mieux fait d'imiter Béranger et Michelet.

Le légitimiste Berryer occupa, dans le parlement, une place d'orateur comparable à celle de Lacordaire dans la chaire sacrée.

Après un discours contre le gouvernement, il fut acclamé par les députés de la gauche.

« Quelle peste que l'éloquence! » s'écria M. d'Angeville, *centrier*.

Et comment n'eût-on pas applaudi Berryer, quelque sujet qu'il traitât! Comment n'eût-on pas fait trêve un instant à des opinions politiques, en entendant ce merveilleux artiste de la parole, dans la bouche duquel toutes les phrases, tous les mots portaient!

Je ne crois pas exagérer, lorsque je m'exprime ainsi sur l'éloquence de Berryer. Ses ennemis, à la Chambre, l'admiraient et le redoutaient tout ensemble; ils désiraient l'entendre parler, et, après l'avoir entendu, ils se repentaient d'avoir éprouvé ce dangereux plaisir.

C'était un royaliste de progrès, qui a dû avoir bien des désenchantements, surtout de la part de nombreux royalistes entièrement voués aux idées rétrogrades.

Berryer a été accusé d'avoir voulu déchaîner « le génie terrible des révolutions » contre la monarchie de 1830. N'en croyez rien. Seulement, il ne manquait jamais de rappeler son origine à cette monarchie, en exaltant les hauts faits de la royauté légitime, et son opposition gênait plus

Louis-Philippe que toutes les manifestations qui se produisaient dans les rues de Paris ou dans les châteaux de la province.

A côté de Berryer brilla une pléiade d'orateurs parlementaires dont le talent illustrait la tribune française.

XXXIV

J'arrive aux médecins et aux chirurgiens. Ici, mon incompétence éclate, et je pourrais à peine citer tous les noms des hommes qui se sont rendus célèbres, en 1830 et après. Je renvoie mes lecteurs aux biographies médicales, et je me borne à leur parler de quelques princes de la médecine et de la chirurgie qu'il m'a été donné de connaître.

Broussais et Magendie se partageaient, avec Dupuytren, les avantages de la popularité.

Lorsque le choléra apparut pour la première fois, en 1832, Magendie était médecin à l'Hôtel-Dieu. « Que faut-il faire? lui demandait-on. — Je ne sais guère », répondait-il. Et cependant, il était allé à Sunderland pour étudier la marche du choléra. Il se rendit à l'Hôtel-Dieu, en disant : « Les riches ne manqueront pas de médecins. »

Bientôt, en franchissant les marches de cet

hôpital, ce fut avec une nouvelle douleur profonde qu'il entendit les cris proférés par la foule : « Mort aux médecins! mort aux empoisonneurs ! »

Au lieu d'aigrir son humeur, cette méfiance du peuple à l'endroit des hommes qui cherchaient à guérir le fléau effroyable, émut la fibre généreuse de Magendie. Il trouva sa récompense, selon l'expression de Flourens, en vidant sa bourse pour les malheureux.

A propos du choléra, Broussais et Magendie développèrent leurs systèmes, diamétralement opposés. Magendie le traita en administrant aux malades beaucoup de punch au rhum; Broussais leur appliqua des sangsues. Parmi les gens du monde, on comptait des partisans de Broussais en nombre égal à celui des partisans de Magendie.

Par malheur, ces deux remèdes contraires ne réussirent pas mieux l'un que l'autre. Broussais et Magendie avaient multiplié leurs efforts pour arriver à triompher de l'épidémie, tellement que, quand elle eut pris fin, Magendie déclara fièrement en recevant la croix d'honneur : « Je la crois assez bien placée. »

Broussais mourut en 1838, trois ans après Dupuytren. Magendie vécut jusqu'en 1855; retiré à Sannois, il faisait des expériences sur la végétation et visait aux améliorations agricoles. « De tous les remèdes, nous a-t-on dit, celui qu'il mettait le plus souvent en usage était de payer à son client la consultation que le malade recevait. »

Broussais, dont le cours de physiologie, à la Faculté de Paris, réussissait médiocrement, attira la foule avec son cours de phrénologie, qui eut un succès de vogue. Magendie, au contraire, ne cessa jamais d'intéresser les jeunes praticiens par ses leçons du Collège de France, notamment lorsqu'il y étudia le choléra-morbus.

Les Sanson, les Roux, et plusieurs autres notabilités chirurgicales, n'approchaient pas, quant à la réputation, des Dupuytren, des Marjolin, des Lisfranc, des Velpeau et, en dernier lieu, de Philippe Ricord, dont le monde entier parlait, et qui avaient des élèves fanatiques.

Durant ma jeunesse, Dupuytren était légendaire; nous le regardions comme un phénomène, comme la chirurgie faite homme; nous nous imaginions, en vérité, que ses opérations étaient magiques, et que si la mort s'ensuivait, il en fallait accuser les amputés, non le chirurgien. Si l'on voyait passer Dupuytren, toujours vêtu d'un habit vert, on ne se lassait pas de regarder cet homme sévère, discret, réservé. Sur les enfants, principalement, il exerçait une influence merveilleuse par sa douceur inaccoutumée, par son sourire succédant à son impassibilité perpétuelle.

La veille de sa mort, Dupuytren se fit lire le journal, « parce qu'il voulait, disait-il, porter là-haut des nouvelles de ce monde ». Il légua deux cent mille francs à la Faculté de médecine, sur les quatre millions qu'il avait gagnés.

Lisfranc, un de ses rivaux, l'appelait « le brigand », ou « l'infâme du bord de l'eau ». En revanche, Dupuytren appelait Lisfranc, — en petit comité seulement, — un *Brutus solliciteur*, et il ajoutait que « sous une enveloppe de sanglier, on portait parfois un cœur de chien couchant ».

A côté de Dupuytren, aucun chirurgien ne pouvait supporter la comparaison, quel que fût son talent. Marjolin dut quitter l'Hôtel-Dieu, cet indulgent Marjolin que les étudiants appelaient « le père Marjolin », à cause de sa bienveillance et de sa bonhomie.

A l'hôpital de la Pitié, Lisfranc s'illustra, non seulement sous le rapport de l'habileté, mais aussi par ses diatribes parlées contre les « ânes » de la Faculté de médecine. Il fallait l'entendre, en effet, lorsqu'il avait triomphé d'un cas chirurgical remarquable, exhaler bruyamment son humeur agressive contre les professeurs, et, par conséquent, faire ressortir l'excellence de sa clinique. Sa voix forte effrayait parfois les internes, les externes, les sœurs et les infirmiers.

Au fond, il paraissait plus terrible qu'il ne l'était en réalité; et quand j'allais trouver Lisfranc à l'hôpital pour lui demander s'il viendrait chasser, tel ou tel dimanche, souvent on me disait: « Il est sévère, il a de la brusquerie; mais il est juste, et il s'intéresse aux malades. »

Car Lisfranc avait la passion de la chasse, passion malheureuse. Il était aussi maladroit chasseur qu'opérateur plein de dextérité, et des bois de Chelles, où nous allions, il revint souvent bredouille, à son grand désespoir.

Mon beau-frère — une lame en fait de chasse — glissait quelque pièce de gibier dans le carnier du chirurgien, qui ne refusait pas cette marque de bonne confraternité. Dans les bois, quand il grondait son chien, la voix de Stentor que possédait Lisfranc éclatait comme une détonation d'arme à feu. Quelles colères aussi, quand l'animal n'obéissait pas! Le pauvre chien passait toujours pour coupable, lorsque le coup de feu du docteur restait improductif.

Les jours de chasse, Lisfranc faisait sa visite de très grand matin : il s'était levé dès l'aurore, comme le « chasseur de Robin des Bois », il était diligent au possible.

Parfois, à l'auberge où nous déjeunions, l'hôtesse lui présentait quelques malades, et l'illustre opérateur ne manquait jamais de leur donner gratuitement ses soins. Que dis-je, gratuitement ! Après les avoir guéris, il leur offrait une somme pour leur convalescence.

Une femme de service s'adressa à lui, sous nos auspices, pour un cancer au sein qui commençait. Lisfranc l'emmena à la Pitié dans sa propre calèche, la soigna parfaitement, et lui dit, en la tutoyant d'un ton brusque, lorsqu'elle fut rétablie :

« Tiens, puisque tu n'as pas été aussi bête que les autres, puisque tu n'as pas attendu pour me consulter qu'il ne fût plus temps d'agir, voilà deux cents francs… Va passer un mois dans ton pays de Normandie, et tu en reviendras absolument bien portante. »

Une autre fois, il entreprit de guérir une de mes petites nièces, âgée de trois ans. Il fallut de nombreuses visites, de nombreuses incisions au pied.

Ce chirurgien, d'ordinaire assez rude en paroles et en mouvements, se montra pendant plusieurs mois d'une aménité charmante. Il apportait des bonbons à l'enfant, il l'amadouait, et lui disait avant d'opérer :

« Si la petite Maria est bien sage, je lui apporterai encore des bonbons, et je l'aimerai toute la vie. »

Maria l'écoutait, laissait faire ; et son mal passa.

A la fin, mon beau-frère demanda ce qu'il devait à Lisfranc.

« Rien, mon ami, le total vous gênerait...

— Mais, docteur... vous êtes venu si souvent...

— Eh bien ! vous me payerez le prix d'une opération... en cent actes. »

Je ne prétends pas que Lisfranc procédât toujours de cette manière, car il acquit une ronde fortune. Je veux uniquement reconnaître qu'il était dévoué à ses amis, et que son amour de l'argent ne l'emportait pas sur ses sentiments d'affection, quoi qu'on ait prétendu.

Au reste, j'en puis dire autant de Velpeau, une autre sommité contemporaine; de Velpeau qui a laissé d'excellents élèves, et qui posséda une grande variété de connaissances dans le vaste domaine de l'art chirurgical.

Velpeau, à la Charité, diagnostiquait avec une assurance extraordinaire; il opérait avec une adresse sans pareille, bien qu'un accident l'eût privé de l'usage de l'index de la main droite.

Lisfranc et Velpeau sont morts depuis longtemps. Mais Philippe Ricord, dont la réputation se répandit dans le monde entier, reste encore parmi nous. Il étudia sous ces deux chirurgiens, puis il acquit une renommée spéciale, dans laquelle beaucoup de gens ont voulu l'enfermer.

Une maison de santé, située rue de Lourcine, était tenue par M. Faultrier, avait pour médecin principal Philippe Ricord, qui y faisait visite tous les jours.

Cette maison n'était pas seulement une succursale de l'hôpital du Midi, comme on l'a cru à tort. Elle renfermait, en outre, des aliénés, des malades divers, et, dans l'occasion, des détenus politiques.

Bien-souvent j'y allai voir Poterin du Motel, un camarade de pension, docteur en médecine, alors remplissant avec un mérite rare les fonctions d'interne dans la maison de la rue de Lourcine.

Là, j'éprouvais de fréquentes surprises, je rencontrais certaines personnes qui étaient censées voyager, et qui suivaient un traitement... secret.

Tout visiteur s'engageait moralement à ne pas commettre d'indiscrétion, car, au dehors, combien de gens qui connaissaient M. Ricord, affectaient de ne pas le saluer au passage, quand ils pouvaient craindre d'être vus! On n'avouait pas volontiers qu'on avait reçu ses soins; mais, dans l'intimité, avec quel empressement on causait avec lui! Il semait à profusion les mots d'esprit.

Sous le règne de Louis-Philippe, vers 1840, au moment où les discussions parlementaires se succédaient sans amener de résultats, il lui arriva de nous dire en riant :

« Il n'y a que moi qui puisse avoir la majorité à la Chambre. »

Le piquant de cette phrase nous frappait d'autant plus que nous savions la vérité. Chaque année, en effet, au commencement de la session, nombre de députés se trouvaient dans la maison de santé de la rue de Lourcine, où, pendant l'hiver, j'assistai à des réunions musicales et à des bals charmants.

M. Philippe Ricord était mélomane. Chez lui, on entendait de remarquables virtuoses, et les principaux artistes du Théâtre-Italien y exécutaient des œuvres magistrales. Le *Stabat Mater* de Rossini a été chanté pour la première fois à Paris dans son salon, par Mario, Tamburini, Mmes Grisi et Albertazzi.

Jamais un maître ne fut plus aimé de ses élèves, avec lesquels il avait des entretiens familiers. Homme du monde, il brillait par une amabilité que l'âge n'a pas fait disparaître; homme d'esprit, il ne parlait qu'avec une grande douceur, et bien rarement ses mots ont blessé au vif.

Lorsqu'il faisait son service dans la garde nationale, sous le second Empire, sa tunique étincelait de croix, car il est décoré de presque tous les ordres connus.

Revenons à la maison de santé de la rue de Lourcine, où le ministère de M. Philippe Ricord ne s'exerçait pas, je le répète, uniquement sur des malades d'un genre à part.

Parmi les aliénés de la maison, on citait de hauts personnages; généralement, ils sortaient guéris, ou bien ils allaient dans un hôpital spécial, quand leur affection semblait devoir être chronique.

Des détenus politiques, ai-je dit, se rencontraient là. Voici comment cette singularité s'expliquait. La maison avoisinait la prison de Sainte-Pélagie. Quelques condamnés, subissant leur peine dans cette prison, obtenaient, soi-disant pour cause de maladie, la permission de se faire transporter dans une maison de santé; et ils choisissaient celle de la rue de Lourcine.

Lagrange et Baune furent de ceux-là. Ces pensionnaires d'un genre particulier promettaient de ne pas s'évader; et ils tenaient leur promesse; on ne citerait aucun exemple d'évasion parmi eux. Leur honneur était engagé.

Peut-être conspiraient-ils un peu, afin de n'en pas perdre l'habitude.

XXXV

Ce fut chez M. Faultrier, rue de Lourcine, que je me mis en rapport avec des amis de Henri Heine, et que je lui fus présenté.

La réputation du poète allemand parisien, de l'impitoyable railleur, s'étendait déjà en Europe. Il s'intitulait « Prussien libéré », si bien que ses compatriotes l'avaient presque renié, effrayés qu'ils étaient de son sarcasme.

Heine, chef d'une école nouvelle, le « Voltaire de l'Allemagne », a-t-on dit, avait créé sa poésie lyrique, pleine d'amertume et de gaieté à la fois, capable de blesser cruellement, avec une apparence de bonhomie et de grâce. Né le 1ᵉʳ janvier 800, il se déclarait ironiquement « le premier homme de son siècle ».

Il ne manquait pas d'attaquer Victor Hugo, regardait Lamartine comme « un saule pleureur », et risquait ce jugement à propos d'Alfred de Musset : « C'est un jeune homme d'un bien beau passé ! »

En parlant de Henri Heine, Thiers disait : « Cet Allemand est le Français le plus spirituel depuis Voltaire. »

Après la révolution de Juillet, Heine, installé à Paris, avait multiplié les diatribes contre Louis-Philippe, qui lui constitua une pension sur sa cassette. L'auteur des *Reisebilder* reconnaissait que « les fortifications de Paris étaient l'événement le plus considérable de son temps. »

Pendant vingt-cinq années, il devait représenter, chez nous, l'esprit et la poésie de l'Allemagne, en même temps qu'il représentait la vive et spirituelle critique française chez nos voisins d'outre-Rhin. Ses épigrammes atteignaient et sa mère patrie et sa patrie adoptive.

Pour indiquer la façon d'écrire d'Henri Heine, il suffit de rappeler comment il raconta la mort de Sirey, frappé dans l'appartement de la cantatrice Heinefetter, en 1842, — célèbre drame judiciaire :

« Le vacarme qui s'est passé dans le *cabinet d'études* de Mlle Heinefetter, à Bruxelles, a éveillé notre intérêt. Les dames surtout sont indignées contre cette dinde allemande, qui malgré son séjour de plusieurs années en France, n'a pas encore appris l'art de savoir empêcher que deux coqs amoureux ne se rencontrent sur le champ de bataille de leur bonheur. »

Romantique, il traitait d'une manière étrange les partisans de la nouvelle école, tout en décochant des flèches empoisonnées contre les derniers champions de la littérature classique. Au demeurant, je ne pouvais guère m'entendre sur tous les points, moi, hugolâtre, avec un homme tel que Henri Heine.

Aussi, je redoutai un peu les coups de griffe que me vaudraient ses conversations, quand je passai en sa compagnie six semaines aux bains de mer de Trouville.

Trouville, alors, était dans l'enfance. Quelques petits hôtels et quelques maisons de pêcheurs y donnaient asile à des Parisiens désireux de vivre à l'écart au bord de la mer. Aucune calèche n'y paraissait, quoique déjà M. d'Hautpoul y possédât une belle maison et un yacht superbe, quoique le chalet de M. Goupil y attirât l'attention, quoique l'atelier du peintre Mozin y fût parfaitement installé.

Nous passions nos vacances à Trouville avec M. et Mme Henri Heine, avec Auguste Lireux, directeur de l'Odéon, avec Alphonse Royer, qui dirigea l'Opéra, avec Alfred Quidant, le pianiste.

De fréquentes promenades avaient lieu, — tantôt à Hennequeville et à Cricquebœuf, tantôt à

Villers et à Saint-Arnoud. Jamais Henri Heine n'y participa. Il restait constamment enfermé dans sa petite chambre d'hôtel, et, le soir seulement, on le voyait marcher à pas comptés sur la plage.

Pendant six semaines, je n'entendis que ces mots sortir de la bouche de Henri Heine : « J'ai bien mal à la tête ». Peu après, la paralysie le saisissait; en 1856, il mourait presque aveugle.

Henri Heine admirait beaucoup Frédéric-Lemaître, trouvait Bocage « beau comme Apollon », et prisait à sa juste valeur le talent de Théophile Gautier. Il avait des parti-pris impossibles, des mots à l'emporte-pièce contre la Prusse, et des paradoxes sans pareils.

J'ai apprécié en peu de lignes les intelligences supérieures de la littérature, des arts, de l'histoire, des sciences médicales ; je n'ai point passé sous silence les représentants de l'art oratoire en tous genres? Dois-je méconnaître la supériorité des hommes distingués dans les mathématiques, que Lamartine appelait « les chaînes de la pensée » ?

Ne serait-il pas injuste, aussi, de ne pas accorder des hommages aux savants qui se sont illustrés dans la chimie, la physique et l'histoire naturelle ?

Sous le règne de Louis-Philippe, du « Napoléon de la paix », Cuvier, Ampère, Gay-Lussac, Chevreul, Geoffroy Saint-Hilaire, Élie de Beaumont, Biot, Arago, Chasles, Thenard et Jean-Baptiste Dumas firent le plus grand honneur à la France, et le rayonnement de leur gloire ne s'est pas encore effacé.

Georges Cuvier, près de terminer sa carrière (13 mai 1832), recevait dans son pavillon du Jardin des Plantes tous les savants étrangers qui venaient saluer un des génies du dix-neuvième siècle. Il combattait les vues de Geoffroy Saint-Hilaire sur l'unité de composition organique, et il ne cessait d'être en lutte avec de Blainville.

L'homme public, dans Cuvier, n'était pas à la hauteur du naturaliste. Il a figuré parmi les censeurs.

Quand il discutait sur des sujets scientifiques, il traitait tous ses interlocuteurs comme ses égaux, sans acception d'âges ni de titres. Un jour qu'il s'entretenait d'anatomie avec un jeune homme, et soutenait son avis très simplement, le jeune homme, à chaque phrase, répétait : « Monsieur le baron ! Monsieur le baron ! — Il n'y a pas de baron ici, dit Cuvier avec douceur, il y a deux savants cherchant la vérité, et s'inclinant devant elle. »

Le physicien Ampère, dont les découvertes ont tracé la voie aux physiciens actuels, habitait une maison située au coin de la rue des Boulangers et de la rue des Fossés-Saint-Victor (aujourd'hui, du Cardinal-Lemoine), à deux pas de la demeure de mon père.

C'est dire que nous le voyions tous les jours, et que nous étions au courant des mille et une distractions qui le rendaient populaire, qui égayaient la jeunesse des écoles, mais qui ne nuisaient en rien au respect profond que les élèves ressentaient pour l'éminent professeur.

Tantôt, Ampère commençait un problème avec la craie sur un fiacre, en pleine rue, et les chevaux, en partant, lui enlevaient sa solution; tantôt, après avoir achevé une démonstration sur le tableau, il l'essuyait avec son foulard, puis il mettait dans sa poche le torchon traditionnel; tantôt Arago, habillé en femme, se rendait chez Ampère, passait pour une astronome allemande, et, non reconnu, reparaissait ensuite pour s'entendre louer *incognito* par son ami; tantôt, en conséquence d'un pari, le domestique du physicien servait plusieurs fois sur la table un poulet rôti, et lui faisait croire qu'il en avait mangé, lorsque le poulet n'avait pas même été dépecé; tantôt il arrivait à Ampère d'examiner attentivement un caillou, de regarder l'heure à sa montre, de serrer dans son gousset le caillou, et de jeter sa montre dans la Seine, par-dessus le parapet du pont des Arts.

J.-J. Ampère, son fils, adonné à des travaux d'un autre ordre, le continuait dignement, était, on ne l'a pas oublié, un des familiers du salon de Mme Récamier, et a laissé un livre considérable : *l'Histoire romaine à Rome.*

Les travaux de Gay-Lussac lui valaient l'amitié de Humboldt, avec lequel il voyagea pour augmenter les conquêtes de la physique, bientôt unie par lui à la chimie, car il marqua nettement comment ces deux sciences se rejoignent, comment la plus simple — la physique — éclaire la plus complexe — la chimie. Gay-Lussac, aussi simple en ses goûts que désintéressé, travaillait en sabots dans son laboratoire, charmait ses préparateurs par sa cordialité, sa franchise et son effusion. A la fin de sa vie (1850), il était une des lumières de l'Académie des sciences.

Augustin Fresnel expliquait les phénomènes de de la diffraction.

Vers 1870, le géologue Élie de Beaumont, ancien élève du collège Henri IV, présidait l'Association amicale de ses camarades. Les honneurs ne lui manquaient pas, et l'énumération en serait trop longue. Avec Dufrénoy, il dressa cette *Carte géologique de la France* dont on n'a pas oublié le succès, et sa *Notice sur les systèmes des montagnes* fit grand bruit dans le monde savant.

Biot et Arago enlevèrent à l'astronomie ses façons d'empirisme; ils contribuèrent l'un et l'autre à la vulgariser, Biot par la pureté et l'élégance de son style, Arago par le charme et la clarté de sa parole.

La famille Geoffroy Saint-Hilaire comptait deux représentants illustres de l'histoire naturelle : Étienne, qui organisa le muséum d'histoire naturelle, qui avait fait venir Cuvier à Paris, qui avait été le protecteur du génie devenu pour lui un adversaire, fondait la science profonde de la nature intime des êtres. Sa fermeté, au retour de l'expédition d'Égypte, lors de la capitulation d'Égypte, avait été profitable à notre patrie. Il menaca de brûler les collections recueillies par l'Institut d'Égypte, et obtint ainsi des Anglais qu'elles seraient conservées à la France.

Geoffroy Saint-Hilaire (Isidore), fils d'Étienne, zoologiste, fut élu membre de l'Académie des sciences à l'âge de vingt-sept ans.

« C'était le 15 avril 1833, écrit Delaunay; Gay-Lussac présidait la séance. A côté de lui siégeait comme vice-président le père du jeune candidat, Étienne Geoffroy Saint-Hilaire. Les bulletins de vote étant recueillis, Gay-Lussac les compta d'abord, suivant l'usage, puis au moment d'en faire le dépouillement, il s'arrête et demande à l'Académie la permission de se faire remplacer au fauteuil de la présidence par l'heureux père, son voisin. Par une exquise délicatesse de sentiment, l'éminent physicien voulait procurer à Étienne Geoffroy le double bonheur de constater lui-même le triomphe de son fils et de proclamer l'élu de la savante compagnie. »

Isidore adopta la devise de son père : *Utilitati*; il chercha à tirer de la zoologie des applications utiles, et il fonda la *Société d'acclimatation*, qu'il organisa, dirigea et présida jusqu'à sa mort, le 10 novembre 1861.

Le nom du célèbre Thenard n'a pas péri; il a été dignement porté par un homme dont la fortune sert les intérêts de la science, et qui, moins illustre que son père, assurément, continua de son mieux les traditions paternelles.

Fils d'un cultivateur, le baron Thenard étudia à Paris pour obtenir le titre de docteur en médecine, suivit les leçons de Fourcroy et de Vauquelin, et devint garçon de laboratoire de ce dernier, dont il surveillait le pot-au-feu. « Je n'ai jamais été assez ingrat, disait Thenard en riant, pour oublier depuis qu'un pot-au-feu qui bout ne fait que de mauvaise soupe. »

Le bleu-Thenard a été cherché d'une façon singulière. En 1799, le ministre Chaptal appelle le jeune Thenard dans son cabinet.

« Le bleu d'outremer nous manque; d'ailleurs, ajoute-t-il, c'est un produit en tout temps fort rare et fort cher, et Sèvres a besoin d'un bleu qui résiste au grand feu. Voici 1500 francs, va me découvrir un bleu qui remplisse les conditions que j'indique.

— Mais, balbutia Thenard, je....

— Je n'ai pas de temps à perdre, reprend Chaptal; va-t'en et rapporte-moi mon bleu au plus vite. »

Le problème était résolu un mois après. La fortune du chimiste était assurée.

En 1800, un matin, à l'aube du jour, Vauquelin frappe à la porte de Thenard.

« Allons, s'écrie-t-il, allons! Et qu'on se fasse beau!

— Qu'y a-t-il? demanda Thenard.

— Il y a que la loi sur le cumul me force à renoncer à ma chaire du Collège de France, et que je veux que vous alliez demander ma succession.

— Je ne le puis, ni ne le dois.

— Dépêchez-vous donc; j'ai pris un cabriolet à l'heure; vos retards me ruinent. »

Thenard s'exécute, suit Vauquelin, est nommé au Collège de France.

Là, plus tard, pendant une leçon, il reconnaît Berzélius, le grand chimiste suédois, au nombre de ses auditeurs. Troublé au dernier point, il s'écrie :

« Messieurs, vous allez comprendre mon trouble, M. Berzélius est là ! »

On applaudit. Berzélius va s'asseoir à côté de Thenard.

La renommée de l'élève de Vauquelin alla croissant. Charles X le créa baron ; Louis-Philippe le nomma pair de France.

Thenard a fait de belles découvertes, seul ou avec Gay-Lussac ; il institua la Société de secours des amis des sciences, destinée à venir en aide aux héritiers de ceux que la culture des sciences n'a pas enrichis, — ou bien qu'elle a ruinés.

Cependant, quelque temps après, un autre chimiste rayonnait, et rencontrait Berzélius parmi ses adversaires, Berzélius, « le savant de l'Europe qui souffrait le moins la contradiction ».

J'ai indiqué Jean-Baptiste Dumas, né avec le siècle, et dont la verte vieillesse nous promettait un second Chevreul. Dumas excella dans le haut professorat, et beaucoup de contemporains se rappellent son cours à la Sorbonne, quand le duc d'Orléans, prince royal, achevait ses études scientifiques : « Monseigneur, ces deux gaz vont avoir l'honneur de se combiner devant vous. »

La phrase est devenue proverbiale, et montre

combien le théoricien des *substitutions* savait faire valoir ses expériences, et combien sa parole était facile et recherchée. Sa *Philosophie chimique*, parue en 1837, eut un énorme retentissement, tout en lui valant le reproche de se laisser aller trop à l'imagination.

Quel bagage scientifique Dumas possède à son actif! Nul n'a donné plus d'essor à la chimie organique : ses observations sur l'esprit de bois et ses composés, sur les alcalis, sur l'acide nitrique, etc., sont toujours appréciées.

Ce chimiste est souvent philosophe et quelquefois poète, quoique praticien. Son influence n'a pas encore cessé, de même que celle de Chevreul, *jeune* élève de Vauquelin, qui touche à ses quatre-vingt-dix-neuf ans, dure et durera longtemps, espérons-le.

Dumas a dit de Chevreul : « C'est par centaine de millions qu'il faudrait nombrer les produits qu'on doit à ses découvertes. Le monde entier se livre à leur fabrication et trouve dans leur emploi de nouvelles sources de salubrité et de bien-être. »

Parmi les hommes de la génération de 1830, Michel Chasles, qui s'est éteint assez récemment, a représenté l'érudition mathématique; il a été le créateur de la *géométrie nouvelle* supérieure, au suprême degré transcendante; le baron

Cauchy a surtout cherché les abstractions algébriques, en présentant des initiatives d'idée, des méthodes qui ont été ou qui seront fécondes.

Légitimiste pur sang, Cauchy refusa de prêter serment au gouvernement de Louis-Philippe, d'abord ; puis il remonta dans sa chaire de la Sorbonne après la révolution de 1848, et garda sa position après le coup d'État de Louis-Napoléon.

Ainsi qu'Arago, il fut alors dispensé du serment. Mais l'argent qu'il recevait lui brûlait les mains : il le dépensait en œuvres de bienfaisance.

Quant à Michel Chasles, — la providence des aspirants au baccalauréat ès sciences, — tant il posait des questions faciles, parce que, disait-il, « tous ces braves jeunes gens-là ne savaient rien », il avait une manie invétérée, celle des autographes,

Cet esprit si positif — ô bizarrerie humaine ! — se laissait duper par des escrocs. Il eût acheté des lettres d'Adam et d'Ève ! On fabriquait, à son intention, les autographes les plus invraisemblables, qu'il achetait les yeux fermés, et qu'il gardait précieusement dans sa volumineuse collection.

Quelques inventions merveilleuses parurent à cette époque.

Ce fut à Augustin Fresnel et à François Arago

que l'on dut les phares lenticulaires, essayés en 1827. Une découverte importante pour la navigation à vapeur date de cette époque : Dallery, Delisle et Sauvage travaillèrent à remplacer les roues à aubes par l'hélice. La France eut l'initiative d'une innovation heureuse, dont les autres peuples ont pu jouir avant nous. Ampère et Arago firent des expériences prouvant que la télégraphie électrique était possible ; et elle ne tarda pas à être pratiquement réalisée.

Des industriels importèrent d'Angleterre l'emploi de l'air chaud des hauts fourneaux pour les fontes.

On concéda les premières lignes de chemin de fer en 1827 pour Saint-Étienne, et, en 1829, Séguin d'Annonay inventa la chaudière à tubes. On établit chez nous les premières filatures de lin à la mécanique ; Niepce et Daguerre trouvèrent le moyen de fixer sur des plaques métalliques les images de la chambre noire. Enfin, la découverte du procédé de dorure et d'argenture galvanique, la possibilité d'imprégner les bois de substances qui les conservent ou les colorent, l'invention de la poudre-coton, l'emploi de l'éther pour détruire les douleurs dans les opérations chirurgicales, l'usage de l'électricité pour mettre en communication Paris et Lyon, etc., — tout cela fut le travail des hommes de 1830.

XXXVI

L'époque marquera dans l'histoire; l'histoire a déjà prouvé que nous avions raison d'être hugolâtres, pour le moins autant qu'eurent raison ceux dont Chateaubriand a été le dieu.

Tant de personnalités rayonnantes, et tant d'agitations politiques!

Chaque année amenait une série de luttes, au parlement, dans les rues, partout, car le total des mécontents augmentait sans cesse. Le gouvernement de Louis-Philippe devenait de plus en plus personnel, et le roi ne pensait qu'à étendre son omnipotence, comme avaient fait ses parents de la branche aînée des Bourbons.

Au château des Tuileries, Thiers était appelé « ministre révolutionnaire ». Louis-Philippe prétendait que cet homme d'État « tirait toujours la couverture à lui ». Un moment arriva, par rapport à Thiers, où la camarilla se déclara son ennemie, où les subalternes de la cour ne cachèrent point leur antipathie.

« Ah! monsieur, dit un jour la nourrice du comte de Paris au médecin de ce prince, aujourd'hui nous allons tous bien, puisque monsieur Thiers n'est pas ministre. » Le roi, quand de Broglie, Guizot et Thiers se trouvaient d'accord par hasard, déclarait :

« Je me trouve neutralisé, je ne puis faire prévaloir mon avis; c'est Casimir Périer en trois personnes. »

Dans le public, Thiers était surnommé *Mirabeau-Mouche, Petit-Poucet politique;* Guizot, « l'austère intrigant ». Molé, disait-on, était comme une femme spirituelle et nerveuse; et on le comparait à une Célimène politique, à une grande coquette.

Dupin aîné détestait ces « beaux Narcisses de doctrinaires ».

Un grand désarroi existait dans les partis politiques, et bientôt les opposants au gouvernement personnel, quelles que fussent leurs nuances, ne purent renverser les ministères qu'en se coalisant. Depuis le jour où Laffitte, complètement délaissé par son ancien ami Louis-Philippe, s'écria amèrement à la tribune : « Je demande pardon à Dieu et aux hommes d'avoir concouru à la révolution de Juillet », les déplacements de majorité se succédaient, et quiconque attaquait le « système » était sûr d'être vigoureusement soutenu.

Le seul avantage que le bourgeois Laffitte eût tiré des journées de Juillet, consistait dans le changement de nom de rue *Charles* X en rue *Laffitte*.

La bourgeoisie, victorieuse avec Louis-Philippe, soutint le roi-citoyen jusqu'au bout, lorsque le socialisme se répandait parmi les ouvriers.

Depuis 1831, à Lyon, le « mutuellisme » avait pris la haute main dans la direction des intérêts populaires. La société se divisait en sections ou « loges », à la tête desquelles un conseil exécutif décidait souverainement les questions. Moins de vingt membres composaient chaque loge : il fallait échapper aux interdictions des lois pénales. Le préambule de l'acte social reproduisait les idées de Turgot sur l'affranchissement du travail.

Le mutuellisme était une société à peu près secrète, dont les membres se traitaient de « frères », dont les réunions ordinaires avaient lieu tous les mois, et les réunions extraordinaires à des époques indéterminées.

En 1831, les ouvriers de Lyon voulaient un tarif obligatoire, fixant un minimum pour le prix de la façon des étoffes.

Le journal *l'Européen*, dans la même année,

développa le premier l'idée des associations ouvrières.

En 1834, la question politique prima la question économique. Le mutuellisme eut son journal : l'*Écho de la Fabrique*, et il s'allia avec la *Société des droits de l'homme*, opposa le refus du travail à l'abaissement des salaires, et poussa l'idée de solidarité jusqu'au point le plus radical.

Les luttes sociales apparaissaient.

On eût dit que l'exemple du chartisme anglais, nouvellement éclos dans le Royaume-Uni, s'introduisait chez nous. Seulement, un parti ouvrier n'existait pas encore en France; il ne pouvait naître qu'avec le suffrage universel. Le gouvernement, ayant horreur des grèves, inventait toutes sortes de moyens pour tenir les travailleurs sous la dépendance des patrons, — des bourgeois.

Le livret d'ouvrier, institué par la loi du 12 germinal an XI, réglementé en décembre 1803, fut regardé comme obligatoire le 1er avril 1831. Quiconque, parmi les travailleurs manuels, ne possédait pas un livret, pouvait être poursuivi devant le tribunal de police. Mais les juges paralysèrent l'effet d'une ordonnance qui, prescrivant des mesures coercitives, ne prenait pas sa source dans la loi organique.

Comme antagoniste, pendant dix-huit ans, la classe ouvrière rencontra la garde nationale.

Celle-ci, une des grandes forces du pouvoir, représentait la bourgeoisie armée. Elle était fière de ce que Louis-Philippe, en lui distribuant des drapeaux, avait commencé son allocution par ces mots : « Mes chers camarades. »

Disons que la garde nationale, jouant beaucoup au soldat, n'était pas prise au sérieux par la jeunesse d'alors.

Aussi, pendant les premiers jours du règne, plusieurs élèves des Beaux-Arts et nombre d'étudiants, enflammés du zèle patriotique, essayèrent de former une « Légion des artistes ». A leur tête se distinguait Achille Martinet, le graveur dont j'ai parlé déjà, fils d'un ancien aide de camp du général Hoche.

Mais Achille Martinet, ayant obtenu, en 1830, le grand prix de Rome en gravure, partit pour la Villa-Medici. Ses amis ne persévérèrent pas dans l'idée émise, et la « Légion des artistes » resta à l'état de projet.

La garde nationale ne plaisait pas à tout le monde.

On s'efforçait d'échapper au devoir civique consistant à porter un fusil. Parmi les hommes de lettres, et les artistes principalement, le refus de monter la garde était passé en habitude.

L'*Hôtel des haricots*, prison spéciale pour les récalcitrants, située sur le quai d'Austerlitz, aujourd'hui démolie, remplacée par les bâtiments de la gare du chemin de fer d'Orléans, renferma tour à tour des poètes, des peintres, des musiciens de mérite.

Alphonse Esquiros ne consentit jamais à revêtir l'uniforme ; un de nos amis communs, afin d'échapper au recensement, plaça sur la porte de son logement cet écriteau :

MADEMOISELLE OLYMPE, COUTURIÈRE.

Moyennant un *arrangement* avec leurs concierges, plusieurs rebelles vivaient à l'abri du tambour qui portait à domicile les billets de garde.

D'autres, condamnés par le conseil de discipline, laissaient s'accumuler les heures de prison, jusqu'au jour où l'on venait les arrêter et les conduire à l'*Hôtel des haricots*, où ils allaient lire les innombrables inscriptions faites par des détenus sur les murs, où ils ajoutaient à la liste leurs noms, leurs réflexions philosophiques, sentimentales, et parfois leurs mouvements d'indignation.

On a écrit l'histoire de l'*Hôtel des haricots*; —

je renvoie mes lecteurs à ce document amusant et curieux à plus d'un titre.

Lorsque vint pour moi l'âge d'être garde national, je filai doux; mais j'intriguai de toutes mes forces auprès de Bauller, chef de musique dans la neuvième légion.

Mes intrigues réussirent, et je fus admis en sa compagnie comme *pavillon chinois*.

Ce très lourd instrument, vous le savez, n'existe plus que chez les hommes-orchestres; je l'ai agité, moi, durant plusieurs années.

La place de *cymbalier* devint vacante; je l'ambitionnai, et Bauller me l'accorda, en récompense de mes bons services.

Enfin, de grade en grade, j'arrivai au *triangle*. Suprême bonheur! Quand la parade était terminée, dans la cour du Carrousel, je plaçais mon instrument sur ma poitrine, et je regagnais la demeure paternelle. L'harmoniste Augustin Savard fit partie avec moi de la petite musique de la neuvième légion.

Sous le second Empire, — quand on tria des gardes nationaux sur le volet, — les récalcitrants ne manquèrent pas.

De quelle manière s'y prendre, pour se faire exempter par le Conseil de recensement ou de discipline?

Un malin, jugé bon pour le service, malgré les

empêchements qu'il faisait valoir, s'exclama, d'un air furibond :

« Enfin ! j'aurai donc un fusil ! »

Le Conseil pensa aussitôt qu'il s'agissait d'un homme dangereux, et il revint sur sa décision.

Mais le moyen, bon pendant quelque temps, fut trop souvent employé, et finit par ne plus rien valoir.

Quant à moi, je continuai d'appartenir, toujours comme *triangle*, à une légion de la banlieue dont le prince Napoléon était colonel.

J'avais pour chef un professeur au Conservatoire. Notre musique s'était recrutée assez péniblement ; gagistes ou amateurs possédaient un talent médiocre, et j'en bénis le ciel !

Effectivement, le général Mellinet, mélomane fieffé, nous passa en revue, un matin, sur le chemin de l'Haij. Au défilé, nous exécutâmes divers morceaux, mais d'une façon si déplorable que le général Mellinet s'écria avec colère, en se bouchant les oreilles :

« Faites-les taire ! faites-les taire ! Ils sont trop mauvais ! »

Nos *boums-boums* cessèrent. Notre musique fut licenciée, et je « rentrai dans mes foyers » avec l'espoir de n'être plus jamais garde national.

Hélas! il fallut la guerre funeste de 1870 pour que je reprisse le fusil. Et pourquoi faire? Pour aller aux fortifications.

Le bourgeois garde national, pendant le règne de Louis-Philippe, était grenadier, voltigeur, ou simple chasseur. Grenadiers et voltigeurs se coiffaient du bonnet à poil; ils formaient des compagnies d'élite. Cette distinction, contraire à l'égalité, a disparu en 1848; elle a causé la fameuse manifestation dite des bonnets à poil, puérile au fond et en la forme.

A propos des grades, les compétitions étaient excessives. L'officier jouissait de certains avantages. Outre qu'il portait l'épée, il allait aux réceptions royales et municipales, et, au bout de quelques années, il avait grande chance d'être décoré. Le grade servait en mainte occasion, surtout aux employés du gouvernement.

Ceux-ci ne figuraient guère parmi les récalcitrants, d'autant plus que les jours de garde étaient des jours de congé au bureau.

Par le temps d'émeutes qui troubla le règne de Louis-Philippe, la garde nationale subit d'ailleurs de rudes épreuves. Elle alla au feu; elle compta des morts et des blessés, en marchant à la suite des troupes de ligne. Ce sabre que Joseph Prudhomme déclarait être « le plus beau jour de sa vie », figura souvent sur le cercueil d'un garde national tué dans les rues de Paris ou de Lyon.

L'habit de garde national apparaissait dans la plupart des fêtes; il resplendissait dans les revues et dans les réunions de quartier, avant le départ pour les parades.

Les revues étaient alors de véritables fêtes bourgeoises, populaires aussi, remplaçant celles que l'ancienne monarchie avait conservées, d'accord avec le clergé, et qui n'existent plus : citons, par exemple, la Fête-Dieu.

Je me rappelle avoir vu allumer le feu de la Saint-Jean sur la place de Grève. Il n'en fut plus question, après la révolution de Juillet. Je note la chose en passant, et j'ajoute que les revues de la garde nationale me firent oublier les fêtes moitié religieuses, moitié populaires de ma première jeunesse.

Je me rappelle une des dernières fêtes du roi Charles X. Mon oncle l'invalide me mena aux Champs-Élysées, où pullulaient les danseurs de corde, les hercules, les saltimbanques. Des orchestres étaient composés de musiciens ivres, qui jouaient des quadrilles et des galops. Çà et là, des mâts de cocagne. Enfin, du haut d'une douzaine de tribunes, des agents de police jetaient à la foule, aussi brutalement que possible, riant lorsqu'ils avaient atteint quelques spectateurs,

— des pains et des cervelas. On se battait fort pour attraper de la victuaille ; on se battait parfois jusqu'au sang, après s'être roulé dans la poussière.

Par delà ces tribunes, un spectacle non moins repoussant s'offrait aux regards. De petits ruisseaux de vin ne cessaient de couler au moyen de tuyaux pratiqués à cet effet. Une masse de populaire se culbutait. L'un grimpait sur l'épaule de l'autre, et tous s'élançaient vers les tuyaux, avec des seaux, des brocs, des cruches, ou des éponges, pour y recevoir le jus de la vigne. Quand, à la force du poignet, après des assauts réitérés, ils étaient à la fois inondés de vin et meurtris, ces ivrognes s'en allaient boire à l'écart, jusqu'à ce que le sommeil vainquît les victorieux. Les vieux et les jeunes luttaient à qui boirait davantage, et des scènes profondément sales s'ensuivaient.

Ces divertissements, indignes d'un peuple qui se respecte, cessèrent sous Louis-Philippe.

On s'en tint aux distributions de comestibles aux indigents ; on s'en tint aux spectacles gratis, aux feux d'artifice, aux revues, qui attiraient les marchands de coco, les vendeurs de petits drapeaux, outre les débitants ayant dressé leurs tentes au Champ de Mars ou sur les boulevards, de la Madeleine à la Bastille.

Lorsqu'elle s'apprêtait à marcher, pour une garde ou une revue, chaque légion parisienne cherchait à se distinguer par une bonne musique, — et par un beau tambour-major.

Le tambour-major de la 12ᵉ légion (faubourg Saint-Marceau) était magnifique de corpulence et de costume. Il fallait voir les gamins de la rue Mouffetard contempler cet ancien fabricant de carton, ami de mon père, lorsqu'il faisait sauter sa canne sur la place de l'Estrapade. Rien à critiquer dans sa prestance, et quelle ampleur de formes, complétée par une paire de mollets opulents!

Un jour de rassemblement, plusieurs enfants parièrent que ses mollets étaient faux. Pour prouver le fait, un d'eux s'approcha du père Sabatier (ce tambour-major s'appelait ainsi), et, malignement, sans que personne s'en doutât, il enfonça une épingle dans le mollet gauche du bel homme.

Au lieu de coton, l'épingle rencontra la chair, et le père Sabatier poussa un léger cri, s'aperçut de la tentative osée par le gamin, à qui il administra un coup de canne, aux applaudissements du bataillon entier. Le gamin court encore.

Peut-être quelques tambours-majors se paraient-ils de faux mollets; à coup sûr, beaucoup de sapeurs, cultivant le postiche, portaient de fausses barbes, surtout dans la banlieue et dans les campagnes, où les gardes nationaux continuèrent à escorter les processions de la Fête-Dieu.

Une infinité de caricatures ont reproduit le côté comique de la garde nationale, ses patrouilles, ses costumes bizarres, ses aventures nocturnes; elles ont plaisanté le « cheval blanc » de La Fayette, son premier général.

Plus tard, les soldats-citoyens ont trouvé l'occasion de montrer qu'ils savaient mourir devant l'ennemi.

Aux époques d'émeute, ils n'allaient certes pas volontairement au feu, non plus que les *lignards;* mais, une fois que la bataille était engagée, ils frappaient fort, quelquefois implacablement. Ces pères de famille ne pardonnaient pas à ceux qui les avaient contraints de quitter femmes et enfants.

Commandant général de la garde nationale après la démission de La Fayette, le comte de Lobau voulut avoir raison d'émeutes sans cesse renouvelées sur la place Vendôme. Pour éviter l'effusion du sang, il fit jouer les pompes à incendie. Cette plaisanterie réussit, en attirant toutefois sur le commandant général des gardes nationaux les quolibets, les calembours et les caricatures.

« Il nous a déshonorés, ce Lobau! » disait

devant moi un des émeutiers de la place Vendôme.

Au surplus, les philippistes comptaient beaucoup sur les averses pour éteindre le feu des insurrections légères.

Mistress Trollope dit de la garde nationale, en 1836 : « C'est ce corps qui doit empêcher la France de dévorer ses propres entrailles, ou rien ne l'en empêchera. » Mais bah ! si les soldats-citoyens acclamaient Louis-Philippe, on prétendait que les officiers leur avaient « commandé de crier Vive le roi ! »

La garde nationale parut quelquefois dangereuse au pouvoir, depuis que, en 1830, elle avait ouvert une souscription à l'effet d'offrir un vase monumental et une épée à La Fayette. Plus d'un citoyen Prudhomme se glorifiait d'avoir des armes pour défendre la royauté, et, au besoin, pour la combattre.

Aux journées de février 1848, les gardes nationaux demeurèrent neutres, — d'une singulière façon, — entre Louis-Philippe et le peuple. Sur leurs boutiques ils écrivaient, avec de la craie : *Armes données*. C'était abdiquer.

XXXVII

Un frère d'un de mes beaux-frères ne cessait alors de se compromettre, chaque fois qu'il y avait prise d'armes des républicains. Commis marchand enfiévré de politique, il faisait partie de sociétés secrètes, et il se croyait fermement destiné à devenir un jour « tribun du peuple ».

Il m'a souvent parlé de cette fonction qu'il ambitionnait. Dans l'affaire de la rue Transnonain, on l'arrêta et on l'enferma à Sainte-Pélagie. Il fut un de ceux qui s'évadèrent de la prison. Plus tard, il y rentra; généralement, on y revenait, et plusieurs fois.

A en croire les guichetiers, certains détenus politiques s'accoutumaient à Sainte-Pélagie; ils y eussent volontiers laissé leurs pantoufles et leur robe de chambre, tant ils s'y trouvaient chez eux.

La liste des hommes qui logèrent dans cette prison est longue : Paul-Louis Courier, Cauchois-Lemaire pour des pamphlets ; Béranger, Émile Debraux et de Pradel, pour des chansons ; le bonapartiste Barginet (de Grenoble), qui avait vertement attaqué le ministre Decazes, favori de Tien-Ki (Louis XVIII) ; Lamennais, Alphonse Esquiros, qui y écrivit son joli recueil poétique : les *Chants d'un prisonnier*, édité par mon frère, et presque introuvable aujourd'hui.

Sous Louis-Philippe, il y avait à Sainte-Pélagie le clan des légitimistes et le clan des républicains. Généralement, ils frayaient peu ensemble. Plus tard, il y eut le pavillon des *aristos*.

En 1840, le baron de Verteuil de Feuillas, gérant du journal *la France*, publia *Un an de prison, ou Souvenirs de Sainte-Pélagie*. Lamennais, sous les verroux, écrivit *Une voix de prison* (1839), à peu près sous la forme et le style des *Paroles d'un Croyant*. Sous le second Empire, Louis-Auguste Martin, emprisonné pour son ouvrage *Les Vrais et les Faux catholiques*, rédigea un *Voyage autour de ma prison* (1859) ; il fit ainsi ses adieux à Sainte-Pélagie, où Eugène de Mirecourt était détenu, où Garnier, éditeur de Proudhon, lui succéda :

> Adieu ! prison et solitude,
> Tour à tour salon et parloir,

> Salle à manger, chambre et boudoir,
> Lieu de promenade et d'étude;
> Adieu! mais non pas au revoir!

Henri Rochefort était à Sainte-Pélagie en 1870; la révolution du 4 septembre le délivra.

Mais je ferme la parenthèse, et je reviens au frère de mon beau-frère, à sa captivité.

J'allais souvent lui porter des consolations, c'est-à-dire des victuailles; je le trouvais parfois entouré de codétenus auxquels il parlait de la République romaine, de Brutus, et des héros plébéiens de l'antique cité. Il était fier de gémir sous les verroux de Sainte-Pélagie, en si bonne compagnie passée et présente.

Devant cet adepte d'Auguste Blanqui, il était impossible de hasarder la moindre phrase contradictoire. Pour lui, tous les soldats jouaient le rôle de bourreaux ou d'assassins, et la modération lui paraissait équivaloir à la trahison.

En respectant ses convictions sincères, j'essayais de lui faire comprendre les vraies vérités, de lui prouver que l'état révolutionnaire doit être transitoire, et que ceux dont le bras a frappé des tyrans travaillent fréquemment pour le profit des malins de la politique.

En 1848, ce lutteur combattit. Il s'affilia au club de la *Société républicaine centrale*, présidé par Auguste Blanqui, et dont les séances avaient lieu dans la salle des concerts du Conservatoire.

Il ne devint pas tribun du peuple. Quand les journées de février furent déjà un peu éloignées de date, c'est-à-dire après les journées du 16 avril et du 15 mai, grâce à la protection de Lamartine il lui fut offert une place de.... garde particulier à Fontainebleau!

Inutile de dire que cela ne faisait pas son affaire. Il écuma de colère, non sans quelque raison; et il resta dans les rangs des socialistes militants, parmi lesquels il a vieilli courageusement. Quant à conspirer, il a juré, un peu tard, qu'on ne l'y prendrait plus, après avoir compté trop de renégats.

Ce qui est arrivé au frère de mon beau-frère est arrivé à bien d'autres soldats de la cause républicaine, enrôlés par des chefs ambitieux, sous Louis-Philippe. Ils ont reçu les horions, sans partager les bénéfices.

Alors, beaucoup de jeunes gens se montaient la tête, prêtaient légèrement le serment de se défaire de la royauté par tous les moyens possibles.

Les uns ont péri victimes de leur exaltation; d'autres ont tourné casaque et une partie assez notable a été attiédie par l'âge ou par les événements.

Tel homme qui dans un temps se serait laissé emporter jusqu'au régicide, a fini son existence en renforcé réactionnaire, en « repu, » selon l'expression consacrée.

L'attitude d'Alibaud, que j'avais rencontré plusieurs fois avec des amis dans un petit café de la rue Mazarine, me rappelle une anecdote toute personnelle.

Le lendemain du jour où le jeune régicide fut arrêté, vers trois heures de l'après-midi, une estafette, un garde municipal à cheval, s'arrêta devant la petite maison de mon père, rue des Boulangers-Saint-Victor, et me demanda. J'étais absent.

Grand émoi dans la maison. Par un papier venant du parquet, on me requérait pour paraître au Palais de Justice, dans le cabinet du juge d'instruction.

Quand je revins, quelques minutes après la visite du garde municipal, mon père m'interpella, du plus loin qu'il m'aperçut dans la cour :

« Malheureux enfant ! qu'as-tu fait ? » s'écria-t-il, moitié avec une colère éclatante, moitié avec une sollicitude paternelle.

Sa dame de compagnie et sa domestique semblaient partager ses craintes à mon endroit.

Elles me regardaient fixement, silencieusement, en attendant ma réponse avec une visible impatience.

Moi, je ne comprenais rien aux paroles de mon père, qui continua :

« Est-ce que tu connais Alibaud?

— Oui, papa. »

Ces deux mots furent comme deux coups de foudre frappant au milieu du personnel de la maison.

« Grand Dieu! fit à son tour la dame de compagnie, s'interposant entre mon père et moi; mais, mon cher ami, vous nous épouvantez... Êtes-vous coupable?...

— Coupable de quoi? répondis-je avec un ton digne d'Éliacin.

— La justice te réclame, reprit mon père en tremblottant et en plaçant dans mes mains le papier en question... »

Vous me croirez facilement, n'est-ce pas? quand je vous avouerai qu'il s'opéra une commotion nerveuse dans toute ma petite personne.

Mon visage devint tel que mes interlocuteurs frémirent. Évidemment, pour eux, je n'avais pas la conscience tranquille; évidemment, quelque chose, dont le parquet était en possession, trahissait ma complicité dans l'affaire d'Alibaud.

« Malheureux enfant! répéta mon père.

— Il faut vous cacher ! » dirent ensemble la dame de compagnie et la domestique.

L'exagération des terreurs qui existaient autour de moi, me redonna un calme stoïque. Je mis le papier judiciaire dans ma poche, et, prenant ma course, je lançai à mon père cette seule phrase :

« Je vais au Palais de Justice ! »

Et je cours encore.

Arrivé dans une des pièces qui avoisinaient le cabinet du juge d'instruction, je ne tardai pas à savoir pourquoi l'on m'avait fait appeler.

Effectivement, un secrétaire du juge me présenta, lorsque je lui eus appris mon nom, deux volumes in-octavo reliés, en me demandant :

« Ces deux livres sont-ils à vous, jeune homme ?

— Oui, monsieur.

— Je suis chargé de vous les remettre. »

Ce qu'il fit avec la meilleure grâce du monde.

Je saluai et m'éloignai rapidement, un peu ému, comme toute personne qui a été introduite — fût-elle la plus innocente des créatures — dans le redoutable sanctuaire de la justice.

Revenu à la maison paternelle, en portant les deux volumes, j'expliquai très gaillardement le mot de l'énigme qui nous avait tant troublés :

J'avais, depuis plusieurs mois, prêté à Alphonse Esquiros les *Odes et Ballades* de Victor Hugo. Esquiros les avait prêtés à un sien cousin, lequel les avait prêtés à Alibaud. Sur le premier volume était écrit : *Ex libris Augustin Challamel, rue des Boulangers, n° 30.*

De là une invitation à venir au Palais de Justice, pour reprendre mes deux volumes; de là l'apparition d'une estafette à mon domicile; de là une interprétation bien forcée de mon acte inoffensif, qui semblait établir une complicité de votre serviteur avec le régicide Alibaud.

En publiant cette anecdote, je dois ajouter que mon père pouvait s'alarmer avec juste raison sur mon compte, car il était encore sous l'influence de l'émotion qu'il avait éprouvée, en 1835, quand il apprit que son bourrelier, le vieux Morey, était de complicité avec Fieschi dans la machine infernale du boulevard du Temple. Je dois ajouter aussi que, à cette époque d'attentats successifs, d'exaltation antiphilippiste parmi la jeunesse, nombre de fils de bourgeois se trouvaient compromis, de près ou de loin, dans les plus sanglantes tentatives. Je dois ajouter enfin que, à la vue d'Alibaud, jamais je ne me serais douté qu'il dût essayer de tuer quelqu'un. Sa figure était douce et sympathique : il y avait seulement dans son regard une sorte de feu voilé, que l'on rencontre fréquemment dans le regard des fanatiques.

XXXVIII

A la génération de 1830 se rapporte une révolution complète dans le journalisme.

Les journaux coûtaient cher; ne pouvaient s'y abonner que les bourgeois aisés. Émile de Girardin comprit la chose, et il fonda la *Presse*, journal à 40 *francs*, quand les *Débats* en valaient le double (ils valent encore 72 francs). Le succès de la feuille à 40 francs résulta non seulement du bon marché, mais aussi de la bonne rédaction littéraire et du bon lancement politique. Elle soutenait l'opinion conservatrice, et son fondateur se vit assailli par une nuée d'ennemis politiques et de concurrrents journalistes. Victor Hugo rédigea lui-même le prospectus de la *Presse*.

Afin de pousser au succès, dans ce temps où la publicité n'atteignait pas de proportions comparables à celles d'aujourd'hui, on avait imaginé un moyen, usé depuis, de forcer pour ainsi dire les cabinets de lecture et les libraires à acheter les livres nouveaux. Dix, vingt, trente amis d'un auteur s'en allaient à travers Paris, en demandant à qui de droit : « Donnez-moi tel ouvrage. » — « Je ne l'ai pas, » était-il répondu. « Comment ! vous n'avez pas cela ?... c'est incroyable ! »

Ils prolongeaient cette scie pendant plusieurs jours.

Dans le but de répandre la *Presse*, les amis du fondateur visitèrent les cafés, outre les cabinets de lecture. De tous côtés, ils réclamèrent la nouvelle feuille quotidienne ; et ils réussirent dans une certaine mesure, à un tel point que leur manège fut imité, jusqu'au jour où le moyen n'eut plus aucune efficacité.

Armand Carrel, rédacteur en chef du *National*, engagea alors avec Émile de Girardin une querelle sans importance, convenons-en, querelle suivie d'une rencontre fatale, qui eut lieu à Saint-Mandé. Armand Carrel fut tué par son adversaire.

Ce douloureux événement exaspéra les républicains, causa une vive émotion parmi les « hommes d'ordre ». Ceux-ci déploraient la fin d'un écrivain honnête et sincère, capable de refréner les bouillants du parti démocratique ;

ceux-là regrettaient amèrement un journaliste honorable, un guide expérimenté.

La fondation du *Siècle*, journal de l'opposition constitutionnelle, contre-balança l'influence de la *Presse*, et s'adressa plus spécialement à la petite bourgeoisie. Le *Siècle* et la *Presse*, parus tous deux le 1ᵉʳ juillet 1836, se firent une vive concurrence. La *Presse* a cessé d'être.

Émile de Girardin avait imaginé le feuilleton littéraire, qui tua le volume; le *Siècle* excella dans ce genre, grâce à Alexandre Dumas, à Soulié et à Balzac. Le *Siècle* fut vite appelé « le journal des marchands de vin. » Pas un café, pas un cabaret où on ne le trouvât.

Les journaux quotidiens à 40 francs sont chers maintenant; il y en a qui coûtent 25 francs, et moins. Progrès. Il y en a même qui ne coûtent rien.

L'artiste dramatique, le peintre, le sculpteur, le musicien, l'homme de lettres, l'inventeur industriel, le professeur, se trouvaient isolés en face des difficultés inhérentes à leurs professions. Ils étaient en proie à l'exploiteur.

Si, voyant leurs droits trop manifestement lésés, ils regimbaient sous l'injustice, ils apprenaient à leurs dépens que

La raison du plus fort est toujours la meilleure.

Si le succès trompait leurs efforts et leurs espérances, et si la misère venait à les frapper, ils éprouvaient l'indifférence du vulgaire, dussent-ils mourir de faim ou à l'hôpital.

Un homme d'ardente initiative survint, — le baron Taylor, — qui songea à grouper les forces individuelles disséminées, impuissantes dans l'isolement.

Les grandes associations naquirent. Le baron Taylor, avec une persévérance inouïe, fonda celles des peintres et sculpteurs, des musiciens, des inventeurs industriels et des professeurs.

La Société des auteurs dramatiques existait déjà, florissante, riche, capable de mettre en interdit les directeurs de théâtre récalcitrants. Le baron Taylor n'eut pas besoin de s'en occuper.

Mais la Société des gens de lettres, née à peine, allait mourir : il la sauva. Grâces soient rendues à sa mémoire !

Trop souvent l'homme de lettres était sacrifié, en face de l'éditeur, — pot de terre contre pot de fer. — L'association changea un peu la situation. Aux grandes forces des spéculateurs elle opposa la solidarité des écrivains.

Quinze années durant, de 1828 à 1843, les éditeurs de romans publièrent avec une fiévreuse ardeur des milliers d'ouvrages, dont on ignore généralement les titres à l'heure qu'il est. Plusieurs imprimeurs et libraires qui avaient commencé brillamment finirent par la ruine ; plusieurs s'enrichirent sans que les auteurs profitassent de leurs bonnes affaires; plusieurs respectèrent les droits du producteur.

Ladvocat, d'abord établi simple libraire de nouveautés dans la galerie de bois, au Palais-Royal, devint ensuite éditeur, patrona et fit réussir la plupart des jeunes littérateurs. Son opulente librairie était placée sous l'invocation du dieu Mars, dont la figure dorée servait d'enseigne au magasin (numéros 197 et 198), qui a été pour beaucoup d'hommes de lettres, remarque Édouard Thierry, « le vestibule de l'Académie et de la Chambre des pairs. Ladvocat a fait des membres de l'Institut, des ambassadeurs, des ministres; il s'en vantait. Il était l'éditeur intelligent et généreux, hardi et prodigieux. Il n'avait pas inventé la réclame ; mais elle était venue naturellement à lui. Dans un moment où l'annonce existait à peine, où la quatrième page des journaux n'était pas affermée à l'affiche, ami de tous les publicistes, Ladvocat avait à sa disposition les meilleures plumes de la presse. On rendait compte des ouvrages qu'il publiait. Ses prospectus étaient rédigés par de charmants esprits. Il payait un bon livre comme on ne payerait aujourd'hui qu'un scandale. »

Jules Janin a constaté que, le premier au dix-neuvième siècle, Ladvocat a donné au manuscrit du poète, de l'historien, du romancier, une valeur réelle. Il est le premier qui ait fait vivre l'homme de lettres... Aussi, lorsqu'il eut quitté le Palais-Royal pour le quai Voltaire, et lorsque les événements de Juillet eurent précipité sa ruine, les hommes de lettres reconnaissants lui *donnèrent* un livre, en quinze volumes, grand in-8°, ayant pour titre *Paris, ou le Livre des Cent et un.*

Le don honorait l'éditeur et les écrivains.

Ladvocat n'a pas voulu gagner deux cent mille francs en publiant les *Mémoires de Vidocq*, il a publié les *Mémoires d'une contemporaine*, ce qui ne put le sauver.

Deux vers de Barthélemy à Lamartine :

> Poète financier tu descends de la nue,
>   Pour traiter avec Gosselin,

ont consacré la célébrité de l'éditeur de ce nom. Gosselin édita d'importants ouvrages.

Delloye fit des kepseakes, à l'imitation des Anglais, avec des gravures sur acier, et des nouvelles ou des poésies de différents auteurs. Sa *Bibliothèque choisie*, in-18, réussit et passa, quand il disparut, dans les mains des frères Garnier.

Curmer, avec le concours de Tony Johannot, de Français, de Meissonier, de Daubigny, de Pauquet, et d'autres dessinateurs ou graveurs, donnait un nouvel éclat à la librairie française. Ses publications illustrées, qui nous émerveillaient à bon droit, sont encore recherchées par les artistes et les bibliophiles.

Les librairies devinrent des puissances. Il fallait que le producteur passât partout où les éditeurs voulaient les conduire.

La maison Didot continuait ses publications essentiellement académiques; la maison Hachette commençait par des publications universitaires; la maison Furne se plaçait dans un rang des plus honorables.

Sous Louis-Philippe, Antoine Pagnerre, un des combattants de juillet, fonda une librairie politique où Cormenin, Lamennais et Louis Blanc publièrent leurs œuvres; Pagnerre édita *Paris révolutionnaire*. On lui doit le Comptoir central et le Cercle de la Librairie. Il fut secrétaire du Gouvernement provisoire en 1848, d'abord, puis de la Commission exécutive.

Collaborateur de l'aimable, de l'excellent Paulin, pour la publication de beaux ouvrages illustrés, Hetzel devint ensuite un homme politique pendant dix mois, de février à décembre 1848, et il fut exilé après le coup d'État de Louis-Napoléon.

Hetzel, comme Curmer, Furne et Didot, était à la fois libraire et littérateur.

Perrotin éditait Béranger! Cela suffisait à sa gloire... et à sa fortune, dont il fit le meilleur usage à l'endroit du chansonnier. Perrotin se montrait hostile à la Restauration.

La plupart des livres romantiques étaient édités, dit Théodore de Banville,

> Sous le rituel
> De Renduel.

Victor Hugo publia chez ce libraire nombre d'ouvrages accompagnés de vignettes composées par Célestin Nanteuil, Tony Johannot, Devéria, Louis Boulanger, Camille Rogier. Eugène Renduel édita, entre autres ouvrages, *Un roman pour les cuisinières*, d'Émile Cabanon, et un livre de Henri Heine, intitulé *De la France*, qui fit grand bruit.

La plupart des pièces d'Alexandre Dumas parurent chez Charpentier, dont la *Bibliothèque* contint une sélection d'œuvres anciennes, de traductions et de productions modernes dues aux plumes vraiment littéraires.

Citons Urbain Canel, éditeur des *Annales romantiques*, Ambroise Dupont, et surtout Hippolyte Souverain, qui édifia sa fortune en fournissant aux cabinets de lecture des montagnes de romans. Cette sorte de librairie a été détrônée par les fabricants de volumes à 3 fr. 50 c. et a 1 franc.

En 1830, à Bruxelles, il y avait une « imprimerie romantique » de Feuillet-Dumus, laquelle fit une seconde édition de la *Louisa* de Regnier-Destourbet. De Belgique nous revenaient bien des contrefaçons. Il convenait d'y mettre ordre, et la Société des gens de lettres, aidée par plusieurs légistes, parvint enfin à détruire la piraterie belge.

Durant une dizaine d'années, la vente d'ouvrages par livraisons à 50 ou à 25 centimes, récemment imaginée, servit à fonder une foule de petites bibliothèques individuelles. Les employés, les commis marchands et les ouvriers se procuraient ainsi Walter Scott, Béranger, Victor Hugo, Barthélemy, Barante, Augustin Thierry, etc. L'usage des livraisons devint général, et il n'a fait qu'augmenter depuis, d'une façon encore plus économique pour l'acheteur.

Au magasin des *Deux Pierrots*, nous mangions souvent du pain sec à déjeuner, afin de « payer la livraison nouvelle ».

La vente par livraisons contribua à la ruine des cabinets de lecture : on restait propriétaire du livre lu.

XXXIX

Tracer le tableau complet du changement opéré dans nos mœurs pendant ma jeunesse serait une tâche sortant du cadre de ce livre. Je signalerai néanmoins quelques traits.

Depuis 1789, les duels politiques ont fleuri en France. Après 1830, ils se sont succédé rapidement; plusieurs ont ému la génération d'alors, notamment celui d'Armand Carrel avec Émile de Girardin, et celui du député Dulong avec le général Bugeaud.

Bugeaud et Dulong se battirent à propos d'une interpellation touchant à des questions militaires. En séance de la Chambre, le maréchal Soult ayant interrompu Larabit pour lui faire observer qu'un militaire, eût-il même raison, devait commencer par obéir, Larabit avait répliqué que lorsqu'on était dans son droit, et qu'on voulait faire reculer, on renonçait à l'obéissance.

« On obéit d'abord », s'était écrié le général Bugeaud.

« Faut-il obéir jusqu'à se faire geôlier, jusqu'à l'ignominie ? » avait repris le député Dulong, parent de Dupont de l'Eure, au milieu d'un violent tumulte.

La phrase de Dulong renfermait une allusion injurieuse à la mission du général Bugeaud, qui avait été chargé, naguère, de garder la duchesse de Berry dans la citadelle de Blaye.

Il s'ensuivit une rencontre, dans laquelle Dulong fut tué par une balle au front.

L'impression que causa ce duel fut renouvelée par la démission de Dupont de l'Eure comme député. Elle fit encore disparaître de la scène politique un ancien « ami » de Louis-Philippe.

Pour la seconde fois, l'arrestation de la duchesse de Berry amenait de sérieuses conséquences.

Déjà, en 1838, l'annonce de sa grossesse avait fortement ému le parti légitimiste.

Les amis de cette princesse avaient prétendu empêcher de parler de son « indisposition ». Ils s'étaient montrés irrités, menaçants, à Paris, à Lyon et à Rouen. Le *Corsaire* avait été appelé en duel ; la *Tribune* et le *National* avaient déclaré aux champions de la duchesse de Berry que des patriotes, réunis dans les bureaux de chaque journal, répondraient immédiatement à leurs provocations.

Sur une note de douze légitimistes portée au *National*, Armand Carrel avait choisi Roux-Laborie, avec lequel il s'était battu, et par lequel il avait été sérieusement blessé.

Des rédacteurs de journaux royalistes avaient décliné les provocations de libéraux et de républicains. Puis, grâce aux explications échangées, à la Chambre des députés, entre Garnier-Pagès (l'ancien) et Berryer, les duels avaient cessé.

Enfin, avant juillet 1830, une provocation en duel avait eu lieu, à l'occasion d'une querelle survenue à cause de la censure, — cette mégère qui trouvait difficilement un nombre suffisant de personnes notables pour faire sa besogne.

Trêve, s'il vous plaît, aux sujets tristes. Les troubles du règne n'avaient pas ralenti l'élan intellectuel de la nation; ils n'avaient pas non plus porté obstacle aux jouissances de la vie.

La mode se montrait à la promenade de Longchamps, qu'a remplacée la promenade du bois de Boulogne. A Longchamps, vers la fin, on ne voyait plus que des tailleurs et des couturières, des mannequins ambulants, bien vêtus, mais sans distinction.

Jamais, peut-être, la mode féminine et masculine ne se laissa aller davantage aux engouements pour les productions littéraires, artistiques ou scientifiques du jour, aux événements intérieurs ou extérieurs.

Si je n'ai pas vu la véritable rage des châles, des bonnets, des chapeaux *Ourika*, de 1822 à 1840, j'ai vu se maintenir la grande vogue des couleurs « *Ipsiboë* » (du vicomte d'Arlincourt, « Trocadéro », « Élodie »; des carreaux écossais « à la Dame Blanche »; des fantaisies « à la Lampe merveilleuse, à l'Emma, à la Clochette, à la Marie Stuart », en l'honneur des compositeurs Nicolo, Auber et Carafa, et du poète Lebrun.

Des modes « à la Girafe » on passait à celles du chimpanzé Jocko, lorsque 1830 nous inspira celles qui consacraient le souvenir de Charlotte Corday et de Marie-Antoinette pour les femmes, de Robespierre et des Girondins pour les hommes. Des turbans rappelaient le costume de la délicieuse Cornélie Falcon, dans le rôle de la Juive.

Le romantisme fit naître les toilettes « à la châtelaine, à la Marguerite de Bourgogne, à l'Isabeau de Bavière, etc. » Mlle Mars, Mlle Georges et madame Dorval furent imitées — dans les vêtements — par des bourgeoises, même par de petites pensionnaires.

Nous assistâmes à un envahissement du moyen âge. Sous l'influence des idées *werthériennes*, il se trouva que des jeunes filles furent désolées d'avoir une apparence de bonne santé, joues roses et fraîches, parce que cela était « commun »; il se trouva que des jeunes garçons voulurent avoir l'air de « poitrinaires », au risque de le devenir, en réminiscence du drame d'*Angèle*.

Le goût du plaisir de la danse se répandait et contrastait avec le goût des sentimentalités.

Odry, Brunet, Arnal, Vernet, Bouffé, la sémillante Déjazet, et tout un groupe de comiques, venaient aussi nous distraire de la *byromanie*.

Déjà quelques jardins particuliers étaient affectés aux plaisirs publics, — ceux de l'Infante, de l'hôtel de Soubise et de l'Arsenal. Le Vauxhall et le Colisée, situés aux deux extrémités orientale et occidentale de Paris, attiraient la foule. Le jardin Marbeuf était appelé Idalie; les folies Beaujon, avec leurs montagnes russes, près de la barrière de l'Étoile, rivalisaient avec la Grande-Chaumière, au boulevard du Mont-Parnasse. Le Delta florissait au faubourg Poissonnière, et le Jardin Turc sur le boulevard du Temple ou du *Crime*, rempli de théâtres de tous genres. A Tivoli, qui a fait place à des rues, on tirait des feux d'artifice et l'on multipliait les ascensions aérostatiques.

Une foule « d'hommes sérieux », de vieillards rabat-joie s'efforcent d'oublier leurs fredaines à la Grande-Chaumière, leurs démêlés avec le père la Hire, — préfet de police du lieu ; ils nient avoir établi ménage avec des grisettes du quartier Latin ; ils ne veulent pas qu'on leur parle des journées de promenades amoureuses, ni des folles nuits.

Fausse honte ; ils savent bien pourtant que la grisette de cette époque avait plus de charmes que la lorette d'aujourd'hui, et que l'on s'amusait fort dans les bals ; que les brasseries n'accaparaient pas la jeunesse.

Musard et Valentino, dont les concerts étaient fort suivis, donnaient des bals masqués. La *Jeune-France* s'y amusait.

Les bals masqués de l'Opéra ont encore jeté quelque éclat sous la génération de 1830. De bien rares intrigues s'y nouaient, les bonnes fortunes ne s'y rencontraient déjà plus ; mais les costumes y étaient nombreux, soignés, fantaisistes, excentriques, souvent trop débraillés.

Ces bals attirèrent pendant plusieurs années une foule de gens à danse échevelée. Chicard et ses émules remplissaient la salle de leurs cris et, par leurs gambades extravagantes, ils en rendaient le séjour presque dangereux. Les cohues se succédaient, et les costumes en loques firent fureur. Le masque n'exista plus que pour les femmes; les habits noirs pullulèrent, et les gens ennuyés.

Alors, au théâtre de la Renaissance (salle Ventadour), des bals masqués nouveaux firent, durant quelques années, concurrence à ceux de l'Opéra. On crut à une résurrection de l'intrigue, absolument absente dans la rue Le Peletier.

Pour mon compte, j'allai à tous les bals de la Renaissance. Dans ma naïveté de jeune homme, j'éprouvai un véritable bonheur à y rencontrer un coquet domino qui, six fois de suite, me parla et m'intrigua. Je jouai six fois de suite le rôle de martyr, croyant à une aventure charmante...

J'ai su plus tard que le coquet domino était la sœur d'une ouvreuse de loges au Vaudeville, — une fille aussi bête que laide.

Gavarni *illustra*, vers ce temps, les bals masqués. Il composa des scènes prises sur le vif; il inventa des costumes en papier, qui firent sensation aux bals de la Renaissance; il créa les types du *titi* et du *débardeur*.

La plupart des théâtres avaient deux séries de bals masqués.

Les carnavals étaient brillants; les voitures de

masques, nombreuses. Il arriva que, pendant une émeute, d'un côté les *chienlits* criaient, et, de l'autre, les insurgés se faisaient poursuivre par les gardes municipaux.

Wilhem introduisit le chant dans les écoles; de plus, il organisa des réunions périodiques des élèves de toutes les écoles en un seul chœur, qu'il appela *Orphéon*.

Le colonel Amoros, espagnol réfugié en France, dota notre pays d'une institution qui lui manquait. Il établit, sous les auspices du gouvernement, un gymnase dans lequel il développait utilement les forces physiques, et il ne tarda pas à être nommé directeur du Gymnase militaire de Paris.

L'œuvre de Wilhem et celle d'Amoros, entreprises avec conviction, poursuivies avec persévérance, ont fait leur chemin.

Un *Gymnase musical*, fondé en 1836, et dirigé par Carafa, l'auteur de *Masaniello*, eut pour mission de former des chefs de musique militaire. Il ne vécut que peu d'années, et plus tard nos régiments possédèrent des musiques imparfaites, à quelques exceptions près.

Les associations pour l'instruction du peuple se répandirent : la Société pour l'Instruction élémentaire, les associations philotechnique et polytechnique, lesquelles ont puissamment contribué à rehausser le niveau intellectuel chez les masses, à adoucir les mœurs générales, à préparer la grande rénovation opérée par le suffrage universel.

XL

Jetons une dernière fois nos regards en arrière, et mesurons le chemin parcouru depuis un demi-siècle.

En résumé, la génération de 1830 a fait disparaître la chaîne des forçats, l'exposition, le carcan et la marque, l'échafaud politique. La loi de revision de 1832 a rayé du code le crime de lèse-majesté, — la confiscation des biens, — la mutilation du poignet droit. Une loi du 11 octobre 1830 abrogea celle du sacrilège qui, en 1825, avait tant ému les libéraux. On n'appliqua plus la peine de mort aux faux monnayeurs, ni aux auteurs des crimes commis contre les propriétés.

Il n'y eut plus de religion d'État. Le rétablissement du divorce, voté par la Chambre des députés, fut repoussé par la Chambre des pairs.

Une loi prohiba les loteries, sur la proposition du duc de la Rochefoucauld-Liancourt.

Ozanam fonda la société de Saint-Vincent de Paul, en compagnie de quelques jeunes gens, sans autre but que de faire l'aumône et de donner des conseils moraux aux personnes assistées, — but qui a été changé peu à peu, car cette société a organisé une propagande religieuse, quelquefois politique. De même, les sociétés de Saint-François-Régis et de Saint-François de Sales, prirent naissance pendant la génération de 1830.

L'affranchissement des noirs et la répression de la traite des nègres, l'amélioration du système pénitentiaire, les essais pour la moralisation des prisonniers, le développement de l'institution des caisses d'épargne, les encouragements à l'agriculture avivée par des sociétés et des comices agricoles, l'augmentation du budget de l'instruction publique à tous les degrés, l'accroissement de l'aisance générale, la protection des enfants employés dans les manufactures, la création des crèches par Marbeau, tels furent les résultats principaux des efforts tentés par les hommes de cette époque. Salvandy créa l'École française d'Athènes.

Un mouvement commercial et industriel considérable s'opéra en France ; mais la lutte du système protectionniste et du libre-échange subsista et dure encore.

A partir de 1834, les expositions de l'industrie eurent lieu tous les cinq ans. On put se rendre compte des pas de géant faits par nos nationaux, sous le rapport de la construction des machines, et l'Angleterre trouva dans la France une rivale redoutable.

Nos ouvriers se perfectionnèrent, et leur émulation ne cessa de croître. Combien d'usines s'élevèrent, pour le tissage des étoffes, pour la fabrication du sucre de betterave, pour la manutention du fer! Les écoles d'arts et métiers d'Angers et de Châlons furent reconstituées; celle d'Aix fut créée.

Nous avons vu toutes ces améliorations se produire, alors que nous étions déjà capables de comprendre la loi du progrès, et de l'apprécier comme il convient.

Par malheur, la question politique entrava fréquemment les efforts des hommes qui nous ont précédés. Il leur manquait le triomphe de leurs idées démocratiques, aujourd'hui écloses ou près d'éclore. La lutte entre la royauté mourante et la république à son aurore, dura de longues années.

J'avais désiré l'avènement d'un gouvernement républicain, lorsque Louis-Philippe régnait. La seconde République ne devait pas s'établir, après la chute de ce prince.

J'eus à désirer de nouveau, de 1851 à 1870, le succès de la démocratie.

Nul n'échappe aux heures d'illusion, nul n'échappe aux heures de découragement.

Les républicains de la génération de 1830, joués par les monarchistes de la branche cadette, prirent leur revanche en février 1848.

On lut, sur des affiches : « Nous ne nous laisserons pas escamoter la révolution de 1848. » La République fut proclamée. Mais malgré ce grand événement, auquel peu de personnes s'attendaient, et qui dénouait par un changement radical de gouvernement une crise commencée par une simple question de capacités électorales, il n'y eut pas, tant s'en faut, unanimité parmi les partisans du nouveau régime.

Il est certain que le travail de nos pères est loin d'avoir porté des fruits immédiats.

La division entre républicains et socialistes existait déjà sous Louis-Philippe ; elle s'accentua énergiquement après le départ de l'ex-roi citoyen.

Les uns voulaient la République avec toutes ses conséquences, avec le drapeau rouge succédant au drapeau tricolore accepté par l'Empire et par la royauté de Juillet ; les autres se contentèrent de la République modérée, avec le drapeau tricolore qui, selon la voix éloquente de Lamartine « avait fait le tour du monde. »

Ceux qui avaient lutté pendant dix-huit années pour le triomphe de la démocratie, ceux qui avaient pris part aux émeutes, même aux attentats contre Louis-Philippe, prêchèrent la république démocratique et sociale, pourvue d'autres épithètes encore.

Les clubs, les repas fraternels, les journaux à titres révolutionnaires renouvelés de 1793, reparurent.

Je n'ai pas oublié la journée du 2 avril 1848. Le *club des Incorruptibles* donna un banquet patriotique sur la place du Châtelet. La société populaire de Montrouge y apporta un énorme gâteau, « destiné à la communion républicaine, » et ledit gâteau servit de pain bénit démocratique.

Le 7 juin 1848, l'*Organisation du travail*, journal des ouvriers, fut poursuivi pour avoir publié la liste des grandes fortunes de France, sous le titre : *Fortunes foncières*.

De tous les côtés, le socialisme déborda. Dans le journal *la Montagne*, un rédacteur écrivait : « Qu'a été le peuple ?... Rien. Que doit-il être ? Tout ? »

Et Proudhon, dans sa feuille *le Peuple*, répéta en septembre 1848 :

« Qu'est-ce que le producteur ? Rien. — Que doit-il être ? Tout. — Qu'est-ce que le capitaliste ? Tout. — Que doit-il être ? Rien. »

Or, toutes ces revendications étaient en germe dans le cerveau de la plupart des hommes de 1830, rêvant plus que 89.

En terminant, je constate que, à tort ou à raison, une foule d'illustres personnages, — poètes, historiens, romanciers, savants, professeurs, etc., durant ma jeunesse, — ont touché ensuite à la politique. Quelques-uns s'y sont brûlé les ailes ; quelques autres ont acquis un renom de plus ; d'autres enfin n'y ont rien gagné aux yeux de la postérité.

Quoi qu'il en soit, ne nous en plaignons pas : l'indifférence en matière de politique amène parfois des résultats désastreux. Les grandes intelligences ne sauraient se désintéresser des événements contemporains.

Le plus illustre entre ces personnages a été Victor Hugo. Les *Souvenirs d'un hugolâtre* rapportent logiquement à lui une notable partie des sentiments qui ont agité l'âme de leur auteur.

Nous n'avons eu ni la prétention ni la possibilité d'analyser les travaux du géant littéraire.

A quoi bon, quand des milliers de critiques ont parlé?

Victor Hugo illumine la génération de 1830, et aussi le siècle qui va finir. Le rayonnement de sa gloire a fécondé les esprits, influé sur les écrivains, sur les artistes, sur les savants, même, parfois, sur les hommes politiques, qui l'ont suivi consciemment ou inconsciemment.

Chacune de ses œuvres a lancé des flammes, tout au moins jeté de vives et nombreuses étincelles.

Victor Hugo a toujours gardé le culte de l'idéal dans ses multiples créations, soit qu'il chantât l'enfance, la femme, le patriotisme, la gloire; soit qu'il chantât l'humanité, le bonheur ou la misère.

Ceux que l'on appelait *hugolâtres* se glorifiaient de ce titre, et justement, car ils devançaient l'admiration universelle.

Le Maître n'est plus. Mais, immortel dans la mort, vivant dans toutes les mémoires, il a droit de passer sous l'Arc de Triomphe, devant lequel « il ne regrettait rien »

Que Phidias absent et son père oublié.

Un « peuple entier » l'accompagnera respectueusement lorsqu'il ira reposer au Panthéon, sous le dôme,

> Cette couronne de colonnes
> Que le soleil levant redore tous les jours !

www.ingramcontent.com/pod-product-compliance
Lightning Source LLC
Chambersburg PA
CBHW070904170426
43202CB00012B/2183